물어보기 부끄러워
묻지 못한
채권상식

물어보기 부끄러워 묻지 못한
채권상식

초판 1쇄 인쇄　2025년 8월 4일
초판 1쇄 발행　2025년 8월 11일

지은이	손환락
펴낸이	이종두
펴낸곳	(주)새로운 제안
책임편집	엄진영
본문디자인	프롬디자인
표지디자인	프롬디자인
영업	문성빈, 김남권, 조용훈
경영지원	이정민, 김효선
주소	경기도 부천시 조마루로385번길 122 삼보테크노타워 2002호
홈페이지	www.jean.co.kr
쇼핑몰	www.baek2.kr (백두도서쇼핑몰)
SNS	인스타그램(@newjeanbook), 페이스북(@srwjean)
이메일	newjeanbook@naver.com
전화	032) 719-8041
팩스	032) 719-8042
등록	2005년 12월 22일 제386-3010000251002005000320호
ISBN	978-89-5533-669-6 (13320)

- 이 책은 저작권법에 따라 보호를 받는 저작물이므로 무단 전재 및 복제를 금하며, 이 책의 전부 또는 일부 내용을 이용하려면 반드시 저작권자와 ㈜새로운 제안의 동의를 받아야 합니다.
- 잘못 만들어진 책은 구입하신 서점에서 바꾸어드립니다.
- 책값은 뒤표지에 있습니다.

채권의 기초 개념부터 실제 매매 방법까지
누구나 이해하기 쉬운 채권상식 A to Z

물어보기 부끄러워 묻지 못한
채권상식

손환락 지음

새로운 제안

프롤로그

채권투자는 어렵지 않다

　채권은 오랫동안 개인투자자들에게 낯선 투자 수단이었다. 채권은 기본 거래 단위가 크고 개인들이 투자할 만한 채권도 많지 않았다. 불과 몇 년 전만 해도 채권은 연기금, 공제회, 보험사, 자산운용사 같은 대형 기관 투자자의 전유물이었다. 혹은 여유 자금이 많은 대기업들이 단기자금을 운용하기 위해 채권에 투자했다. 하지만 시장은 빠르게 바뀌었다. 저금리 기조가 길어지면서 단순히 예금만으로는 안정적인 이자수익을 기대하기 어려워졌다. 동시에 나이가 들수록 부동산이나 주식처럼 가격 변동성이 큰 자산보다는 좀 더 예측 가능한 안전자산을 찾는 이들이 늘었다.

이 변화 속에서 개인투자자들의 채권투자는 놀라울 만큼 빠르게 성장했다. 2015년만 해도 개인이 보유한 채권 규모는 고작 7조 7천억 원 수준이었지만 2024년에는 56조 원까지 늘었다. 10년 사이에 7배 넘게 성장한 셈이다. 특히 최근 3년은 장기 채권투자가 두드러졌다. 예전에는 거의 손도 대지 않던 잔존만기 20년 이상 초장기 채권을 2024년 상반기에만 3조 2천억 원을 사들였다. 개인투자자들이 채권의 매력을 새롭게 발견하고 있다는 증거다.

채권에 대한 관심이 커지자 금융회사들도 재빨리 움직였다. 증권사들은 ELB나 DLB 같은 다양한 금리형 금융상품을 내놨고, 인터넷 은행들은 모바일 앱에서는 클릭 몇 번으로 채권을 매수할 수 있도록 플랫폼을 단순화했다. 자산운용사들은 ETF를 통해 채권에 더 쉽게 투자할 수 있는 길을 열었다. 이제 누구나 예금보다 조금 더 높은 금리를 주는 안전한 채권 상품에 접근할 수 있는 시대가 됐다.

하지만 채권을 '사기'는 쉬워졌어도 '이해하기'는 여전히 어렵게 느껴진다. 채권의 수익률과 가격을 계산하려면 생소한 수학 공식이 나오고 금리와 만기에 따라 가치가 달라진다는 개념도 머릿속을 복잡하게 만든다. 그렇지만 이 장벽만 넘어서면 투자자로서 한층 더 단단해질 수 있다. 이 책을 쓰면서 가장 고민했던 부분이 어떻게 이 장벽을 쉽게 넘을 수 있게 만들까였다. 채권을 공부하는 과정에서 자연스럽게 GDP 성장률, 물가상승률, 장단기 금리같은 경제 지표에 익숙해지고 뉴스에 나오는 숫자들이 훨씬 또렷하게 다가온다. 채권의 가격, 즉 금리는 경제의 체온계 같은 역할을 한다. 앞으로 자산을 어떻게 배분할지, 장기적으로 어떤 전략을 세울지를 고민할 때 가장 중요한 기준이 된다.

많은 이들이 "채권투자로 얼마나 벌겠냐"고 묻는다. 하지만 채권은 단기보다는 장기투자에서 진가를 드러낸다. 최근 개인용 국채로 발행된 20년 만기 채권에 투자를 하고 만기까지 보유만 한다면 원금의 두 배로 상환을 받을 수 있다. 매년 꾸준히 쌓이는 이자 덕분에 예측 가능한 현금흐름을 만들 수 있고, 안정감을 얻을 수 있다. 현재 10년 국채 금리가 약 2.8%이고 기대 인플레이션이 1.9% 정도라는 것은 잠재성장률이 고작 1% 내외라는 뜻이기도 하다. 더 이상 부동산과 주식이 과거처럼 큰 폭으로 오르기를 기대하긴 어렵다. 그래서 채권의 매력이 더 커진다.

이 책을 통해 채권은 어렵다는 생각이 조금은 사라지길 바란다. 채권을 공부하면 경제를 이해하는 눈이 생긴다. 그리고 그 눈이 결국 더 나은 투자 결정을 만드는 밑바탕이 된다.

이제 채권이라는 새로운 투자 여정을 시작해보자. 이 책이 그 길에 작은 이정표가 되었으면 한다.

이 책이 나올 수 있도록 마지막까지 조언을 해준 새로운제안 편집자님과 마지막까지 감수를 해 주신 한수정님에게 감사를 드린다.

저자 **손환락**

프롤로그   004

CHAPTER 1
채권을 간단하게 사보자

- 01 카카오뱅크로 채권 사는 법   014
- 02 토스뱅크로 채권 사는 법   020
- 03 증권사 MTS에서 채권 사는 법   025

CHAPTER 2
돈의 가격 알아보기

- 01 상품에는 가격이 있는데 돈에도 가격이 있을까?   032
- 02 화폐(돈)의 미래가치, 현재가치 계산하기   035
- 03 현재가치와 금리와의 관계   040
- 04 금리 기반의 금융상품 정보 찾아보기   042
- 05 예금과 적금에 대하여(단리와 복리)   048
- 06 대출에 대하여(상환방법)   053
- 07 예금과 대출의 주체, 은행의 사정에 대하여   057
- CHECK 실제 돈을 만드는데 드는 비용, 시뇨리지   060

CHAPTER 3 돈의 가격은 어떻게 결정되나?

- 01 경제학자들이 말하는 금리 결정 이론 — 062
- 02 우리나라의 금리를 조절하고 결정하는 곳, 한국은행 — 067
- 03 돈의 가치가 계속 떨어진다면 일어나는 일 — 071
- 04 기준금리를 결정하는 방법 — 077
  - CHECK 환매조건부? RP? — 080
- 05 기준금리 결정이 현실 경제에 미치는 영향 — 081
  - CHECK 콜(Call) 금리? CD 금리? — 085
- 06 미국 중앙은행의 기준금리 결정 — 086
  - CHECK 잭슨홀 미팅 — 093

CHAPTER  4 채권의 기본 개념 알아보기

- 01 채권의 개념과 종류 — 096
- 02 채권 가격 계산을 위한 사전 학습 — 107
  - CHECK CP란? — 111
- 03 채권 가격 계산하기 — 115
  - CHECK 72의 법칙 — 127

CHAPTER 5

 채권 가격의 특징과 채권투자 전략

- 01 채권 가격은 시장이자율과 반대로 움직인다 — 132
- 02 듀레이션의 의미와 특징 — 135
- 03 채권 가격의 변동률은 듀레이션으로 알 수 있다 — 141
- 04 채권투자 수익의 구성 — 145
  - CHECK 투자 수익 계산 예시 — 146
- 05 채권투자의 기준, 수익률 곡선 — 148
- 06 수익률 곡선의 종류 — 152
- 07 수익률 곡선 형태를 설명하는 가설들 — 155
- 08 채권투자 전략 — 159

CHAPTER 6

 회사채 투자 전략

- 01 기업 신용등급이란? — 172
- 02 신용등급을 확인하는 방법 — 178
- 03 기업의 신용평가보고서 살펴보기 — 183
- 04 회사채 투자 타이밍 포착하기 — 191
- 05 신용등급 상향 가능성이 있는 회사채 투자하기 — 195
- 06 회사채 투자를 위해 알아야 할 필수 지표 — 199
  - CHECK ESG 채권이란? — 218

CHAPTER 7

다양한 실전 투자

- 01 장내 채권투자하기(증권사 MTS) — 222
- 02 채권 ETF 투자하기 — 224
- 03 개인투자용 국채 투자하기 — 229
- 04 단기채권 투자하기 — 232
- 05 구조화 채권 투자하기 — 236
- 06 조건부자본증권 투자하기 — 248
- 07 미국채 투자하기 — 253
- 08 단기자금 운용 수단 — 256
- CHECK 홈플러스 구매자금유동화증권을 통해 생각해 볼 점 — 261

CHAPTER 8

채권투자를 위한 필수 경제 지표

- 01 소비자물가 상승률 — 264
- 02 경제성장률(실질 GDP 성장률) — 271
- 03 미국의 경제지표 — 275
- 04 국가 신용등급 — 285

CHAPTER

채권을 간단하게 사보자

막상 채권에 투자를 하려고 하면 좀 막막한 느낌이 드는 것이 사실이다. 채권을 사기 위해서는 증권사 계좌를 개설해야 하는데, 요즘은 스마트폰만 있다면 빠르고 간편한 플랫폼들이 많이 있어, 채권 초보자들도 쉽게 매매할 수 있다. 이 챕터를 통해 쿠팡에서 물건을 사는 것보다 쉽게, 카카오뱅크와 토스뱅크는 물론이고 증권사 MTS에서 채권을 매매해보자. 어쩌면 매매 타이밍을 봐야 하는 주식보다 더 쉽게, 채권을 내 계좌에 담고 있을지도 모른다.

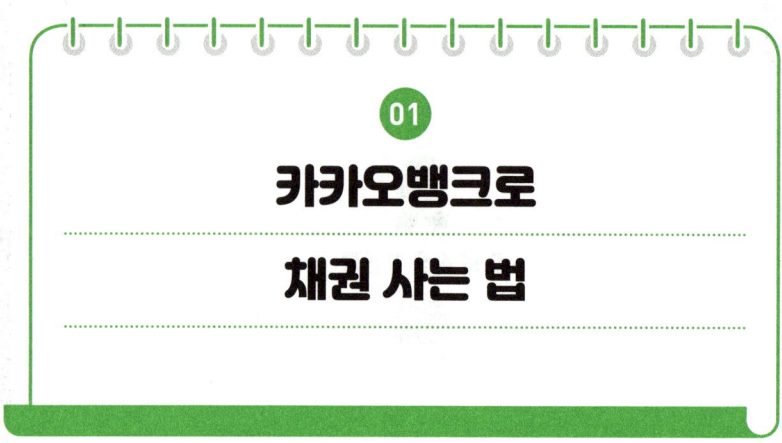

01
카카오뱅크로
채권 사는 법

| 그림 1-1 · 카카오뱅크 홈화면(좌)   그림 1-2 · [상품]-[투자] 선택 화면(우) |

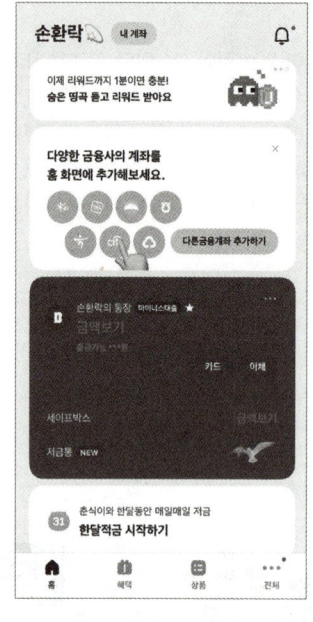

카카오뱅크나 토스뱅크는 단순한 은행이 아니다. 예금이나 대출만 하는 곳으로 아는 사람들이 많은데 최근에는 주식, 채권 등 금융상품들도 많이 제공하고 있다. 증권사 MTS로 하는 것보다 접근성도 좋고, 사용자 편의성도 높아 처음 채권을 하기에는 적당한 수단이다.

카카오뱅크를 사용하고 있다면 홈화면으로 들어가자. 홈화면 하단에 [상품]을 누르고, 상단에 [투자]로 들어간다. 중간에 보이는 [증권사 금융상품 투자]를 선택해 보자(그림 1-2 참고).

| 그림 1-3 · 증권사 금융상품 투자 화면1(좌)   그림 1-4 · 증권사 금융상품 투자 화면2(우) |

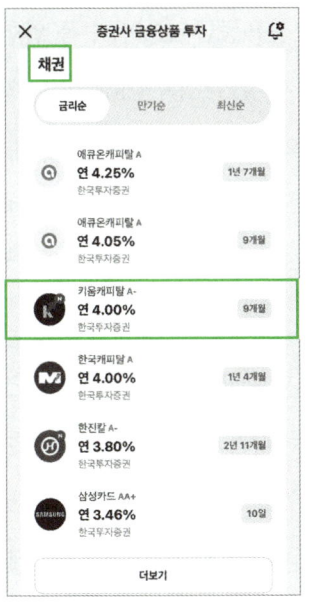

증권사 금융상품 투자 화면을 보면 RP, 발행어음 종목들이 있고,

그 아래에 채권 종목들이 보인다. RP, 발행어음은 단기채권 상품으로 이 책을 다 읽게 되면 익숙한 이름이 될 것이다. 일단 우리는 채권 부분에서 종목들을 쭉 훑어보자. 익숙한 기업들의 이름들이 많이 보이는데 이 종목들을 회사채라고 부른다.

카카오뱅크에서 거래할 수 있는 채권의 종목들이 금리가 높은 순으로 나열되어 있다(그림 1-4). 인기순이나 최신순으로도 설정할 수 있다. 회사채 기업명 옆에 AA+, A, A-라는 알파벳이 있는데 회사의 신용등급을 의미한다. 화면에서 나오는 종목 중에서는 삼성카드AA+의 신용등급이 가장 좋고, 키움캐피탈A-의 신용등급이 가장 낮다. 신용등급이 낮을수록 위험이 크지만 제공하는 수익률은 가장 높다. 삼성카드는 3.46%의 수익률을 주지만, 키움캐피탈은 4.00%의 수익률을 제공한다. 큰 차이가 아니라고 느낄 수 있는데 채권에서는 상당히 큰 수익률 차이이며 이런 차이로 꾸준히 장기적 투자를 한다면 크게 다른 결과를 얻게 될 것이다.

현재 화면은 금리가 높은 순으로 나열되어 있는데 위험이 높을수록 금리가 높아야 하니 신용등급이 낮은 키움캐피탈이 가장 상단에 있어야 할 텐데, 실제 가장 높은 수익률을 주는 것은 에큐온캐피탈A이다. 그 이유 중 하나가 채권의 만기로 종목명 우측 끝에 1년 7개월, 9개월 등으로 표시가 되어 있다. 채권의 만기는 내가 투자를 했을 때 원금과 이자가 상환되는 날을 의미하는데 만기가 길수록 더 높은 수익을 제공한다. 만기도 같은데 신용등급이 높은 에큐온캐피탈이 키움캐피탈보다 더 높은 수익률을 주는 것도 볼 수 있다. 이것은 발행 기업에 대한 선호 때문이다. 투자자들이 많이 들어보았고, 대주주가 키움증권인 키움캐피탈을 더 선호하기 때문에 사람들은 좀 더 낮은 수익을 주더라도 신용등급이 낮은 키움캐피탈에 투자하게 된다.

일단 처음 채권에 투자하는 상황이므로, 좀 더 익숙하고 적당한 수익도 주는 키움캐피탈을 선택해 보자.

키움캐피탈을 선택하면 채권의 조건을 확인할 수 있다. 기업명인 키움캐피탈 밑에 작은 글씨로 '키움캐피탈196'이라고 써 있는데, 이것이 회사채의 정식 종목명이다. 키움캐피탈에서 발행한 196회차의 채권을 의미한다. 채권의 종목명은 모두 발행사 이름 옆에 발행 회차를 함께 표기한다.

세전 수익률이 '연 4.00%', 투자기간은 현재 시점부터 '9개월 25일'이고 만기일자는 2026년 3월 23일이다. 신용등급은 'A-'이며, 이자 지급 주기는 '3개월마다'이다.

상세 종목 설명 화면(그림 1-5)에서 [약속한 수익 확인하기]를 눌러보자. 그림 1-6에서 볼 수 있듯이 지금 500만 원을 투자한다면 받을 수 있는 수익을 미리 확인할 수 있다. 이 채권에 500만 원을 투자할 때 9개월 뒤 만기일에 173,280원의 이자를 더해 세전 5,173,280원을 받게 된다. 그리고 이 채권은 3개월마다 이자를 받을 수 있으므로 63,320원씩 총 4번의 이자를 받아 총 이자는 세전 253,280원이다. 다시 말하면 이 수익들은 세전 금액, 즉 세금을 내기 전 금액이므로 실제 받는 금액은 세금만큼 차이가 있다.

| 그림 1-5 · 상세 종목 설명(좌) 그림 1-6 · 약속한 수익 확인(우) |

약속한 수익 확인하기 화면을 본 후, 구매를 하기로 결정했으면 그 화면을 닫고 다시 상세 종목 화면으로 돌아온다. 하단에 [구매하기] 버튼을 누른다. 카카오뱅크 채권 매매는 한국투자증권 시스템을 이용하기 때문에 한국투자증권 계좌가 있어야 한다. 만일 한국

투자증권 계좌가 없다면 그림 1-7에서 구매하기 버튼을 눌렀을 때 그림 1-8처럼 한국투자증권 계좌 개설 화면이 뜬다. [주식계좌 개설하기]를 선택하면 간단하게 계좌를 개설할 수 있다. 계좌를 개설하게 되면 몇가지 동의 사항을 거쳐 간단하게 채권을 매수할 수 있게 된다.

| 그림 1-7 · 상세 종목 화면에서 구매하기(좌)   그림 1-8 · 증권사 계좌 개설 화면(우) |

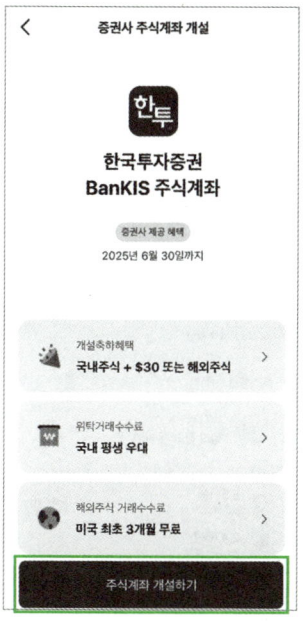

CHAPTER 1. 채권을 간단하게 사보자

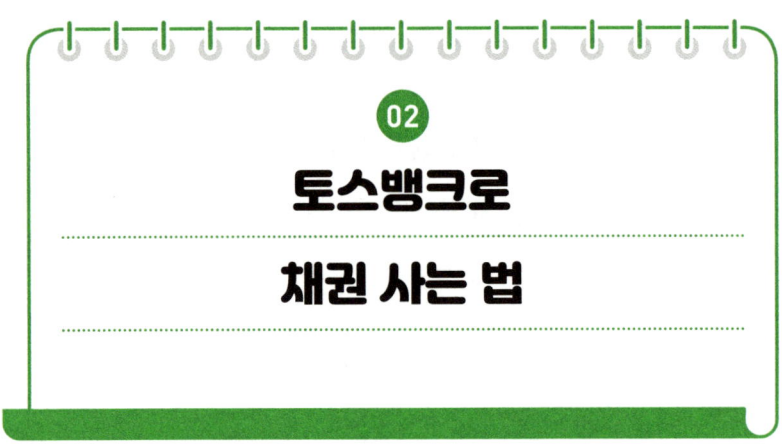

02
토스뱅크로 채권 사는 법

| 그림 1-9 · 토스 홈화면(좌)   그림 1-10 · [투자] 선택 화면(우) |

토스뱅크를 사용하고 있는 독자라면 토스에서도 채권을 매매할 수 있다. 카카오뱅크와 방법은 거의 동일하다. 다만 채권을 제공하는 증권사들이 더 많고, 채권 종목의 수도 다양한 편이다.

토스 홈화면으로 들어가서 하단 메뉴 중 [전체]를 누른다(그림 1-9). 서비스되는 기능들이 나오는데, 스크롤을 내려 [투자]를 선택하자(그림 1-10).

| 그림 1-11 · [투자] 화면 1(좌)   그림 1-12 · [투자] 화면 2(우) |

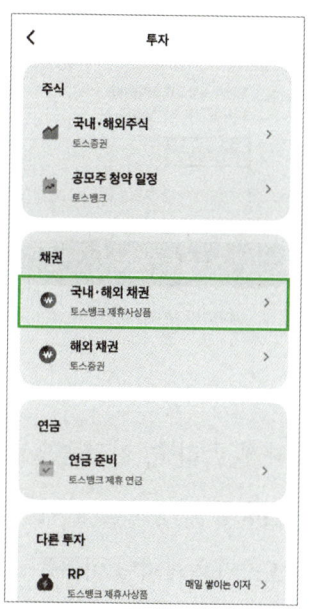 

[투자] 화면으로 들어가면 토스뱅크에서 제공하는 주식, 채권, 연금 등 다양한 금융상품들이 나타난다. 그 중 '채권'에서 [국내, 해외 채권]을 선택하자(그림 1-11). 그림 1-12에서 아래로 스크롤을

내려 채권 항목을 찾아보자.

| 그림 1-13 · 투자 화면 3(좌)   그림 1-14 · 상세 종목 설명(우) |

채권 항목은 카카오뱅크와 동일하게 금리순, 기간순으로 정렬한 종목 리스트를 볼 수 있다. 다만 신용등급 정보는 없어서 한 번에 비교하기는 좀 번거롭다. 이번에도 '키움캐피탈'이라는 채권을 살펴보자. 채권의 발행사는 '키움캐피탈'이고 판매사는 '한국투자증권', 수익률은 '연 4.2%', 만기는 '1년 11개월'이다. 앞에서 살펴본 키움캐피탈은 만기가 9개월 남짓으로 좀 짧아서 금리가 4.00%로 좀 낮았다. 만기가 긴 대신 높은 금리를 제공한다. 이 종목을 선택하면

더 자세한 채권 정보가 나온다. 채권의 종목명은 '키움캐피탈220-1'이다. 키움캐피탈에서 220회차로 발행된 첫 번째 채권이라는 뜻이다. 이 채권이 발행될 때 만기가 다른 채권이 함께 발행되면 발행순서에 따라 뒤에 숫자를 붙인다. 1만 원부터 구매할 수 있고, 1년 11개월 25일 뒤에 원금을 상환 받을 수 있다. 투자한 이후 받을 수 있는 이자금액을 계산하기 위해 수익금 계산하기를 선택해 보자(그림 1-14).

100만 원을 투자했을 때 세전 82,368원을 받을 수 있다. 투자할 금액을 1억 원까지 설정해서 세전 받을 수 있는 금액을 자동으로 계산해 준다.

[확인했어요]를 눌러 이전 화면으로 돌아가서 상품 정보도 확인해 보자. 이자 받는 주기는 '3개월'이고, 신용등급 'A-'인 것을 확인할 수 있다. 그리고 가입 대상, 구매 가능한 시간, 상품 판매 기간, 가입 금액, 투자 유의사항도 확인 가능하다. 현재 시간이 채권을 매매할 수 있는 시간이 아닐 경우 '구매 시간 알림 받기'를 하면 채권을 매매할 수 있는 시간, 즉 평일 09시 ~ 17시를 알려주는 알람을 받을 수도 있다. [구매하러 가기]를 선택하면 몇 가지 동의사항을 거친 뒤 채권을 매수할 수 있다(그림 1-16).

| 그림 1-15 · 수익금 계산하기(좌)   그림 1-16 · 상품 정보(우) |

03
증권사 MTS에서
채권 사는 법

과거에 채권은 증권사를 통해서만 구매가 가능했다. 주식 투자를 위해 증권사에 가입이 되어 있고, MTS가 설치되어 있다면 간단하게 채권을 살 수 있다. 개인 투자자들이 가장 많이 이용하는 키움증권 MTS를 기준으로 알아보자. 대부분의 증권사 MTS도 방식은 비슷하다.

키움증권 홈화면에서 [금융상품] - [국내채권] - [장외채권]을 차례로 선택해 보자(그림 1-17). 대부분의 증권사 MTS에서 채권은 금융상품 카테고리에 위치한다. 금융상품에서 국내 채권, ELS/ELB, 해외채권, RP 등이 있는데 우리가 모두 다룰 상품들이다. 국내 채권을 보면 장외채권, 단기사채, 신종자본증권, 장내채권이 있고 이 항목들 역시 채권을 투자하기 위해서 모두 살펴봐야 한다. 채권은 대부

| 그림 1-17 · 키움증권 MTS 홈화면(좌)　그림 1-18 · 장외채권 선택 화면(우) |

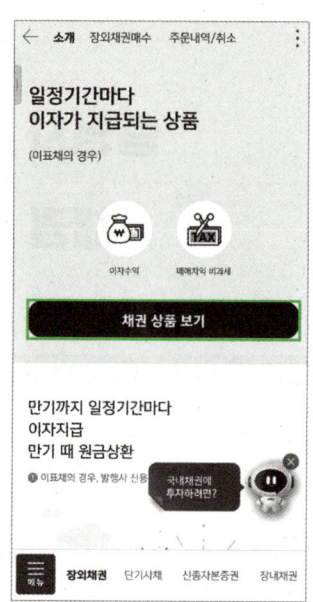

분 장외채권에 속한다. '장외'라는 의미는 주식처럼 공식적인 거래소를 통하지 않고, 투자자 간에 개별적으로 거래된다는 의미이다.

　채권은 주식처럼 발행기업별로 한 종목만 있는 것이 아니라, 하나의 발행기업이 다양한 만기로 다양한 종목이 존재하기 때문에 주식처럼 거래소를 통해서 매매가 이루어질 수 없다. 따라서 채권투자자들은 중개회사를 통해서 거래를 할 수밖에 없고, 여기서 거래되는 채권을 장외채권이라고 한다. 그러나 채권들 중 일부는 거래소를 통해서 매매가 일어나기도 하는데 이를 장내채권이라고 한다. 단기사채와 신종자본증권은 다음 장에서 차근차근 알아보도록 하자. 일단 [장외채권]을 선택해서 들어가자. 채권에 대해 간단한 설명이 나오면 [채권상품보기]를 선택하자(그림 1-18).

스크롤을 내리면, 다양한 채권 목록을 확인할 수 있다. 우리는 여기서 '하나은행47-02'를 한번 살펴보자.

- 매수수익률 '3.50%'는 카카오뱅크와 토스뱅크에서 제시되었던, 투자했을 때 수익률을 의미한다. 투자자가 매수하는 가격이다. 채권에서는 수익률(금리)과 가격은 동일한 단어이다.
- 세후수익률 '2.90%'는 채권에서 발생되는 이자금액에 세금을 제하고 실제로 투자자가 얻는 수익률을 의미한다.
- 민평금리 '2.53%'는 하나은행이 현재 평가받는 공식적인 가격(수익률)을 의미한다. 채권은 주식처럼 시장에서 정해지는 종가라는 개념이 없다. 대신에 채권평가회사가 매일 그날의 종가를 평가해서 제시하는데 이것을 '민평금리'라고 한다. 어제의 종가 개념으로 이해하자.
- 잔존일수는 현재시점에서 채권 만기일까지 남은 기간을 의미한다.
- 매매단가는 실제로 이 채권을 매수수익률 3.50%로 매수할 경우 적용되는 단가이다.

하나은행 채권은 시장에서 평가하는 금리가 2.53%이지만 키움증권에서 특판으로 3.50% 높은 금리로 판매를 하고 있다. 금리가 높다는 것은 채권을 시장가격보다 싸게 판다는 의미이다. 잔존일수는 49일로 짧고, 하나은행은 시중은행으로 AAA 신용등급을 가지고 있다. AAA등급은 국내에서 최고등급이다. 그만큼 위험이 거의 없다. 그림 1-19의 [매수]를 선택하면 증권사에서 평가하는 위험등급과 채권에 대한 자세한 사항을 확인할 수 있다. 증권사에서는 카카오뱅크나 토스뱅크와 달리 수익금을 계산해주는 항목은 없다.

| 그림 1-19 · 판매중인 채권 목록(좌)   그림 1-20 · 하나은행 채권 상세 내역(우) |

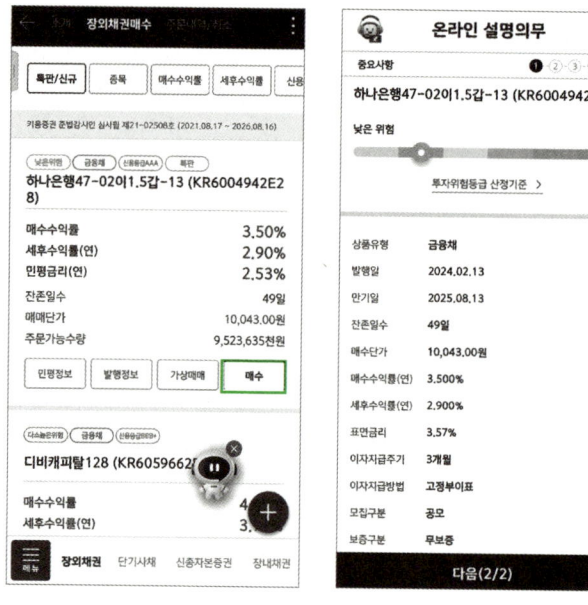

증권사는 금융상품을 판매할 때 불완전 판매를 하지 않기 위해 많은 노력을 기울인다. 채권을 매수할 경우도 투자자들이 위험을 충분히 인지하도록 설명의무를 부담한다. 투자위험 설명을 확인하고 몇 가지 사항에 동의를 하자. 최소 천 원부터 매수가 가능하므로

| 그림 1-21 · 투자위험 설명화면(좌)   그림 1-22 · 채권 매수 화면(우) |

 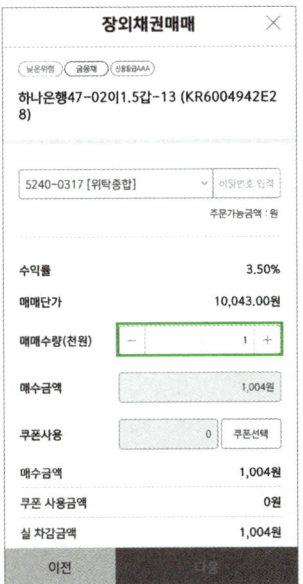

매매수량에 원하는 금액에 맞게 수량을 입력하면, 채권을 매수할 수 있다(그림 1-22).

다만 유의해야할 사항은 카카오뱅크, 토스뱅크, 증권사 장외에서 채권을 매수하는 경우 원하는 시점에 매도할 수가 없다. 이 채권들은 만기까지 보유하면 자동으로 연계된 계좌에 원금과 이자가 입금된다. 채권을 만기 전에 매도하고 싶은 투자자라면 뒤에서 설명할 채권 장내시장에서 매매하는 법을 참고하자.

지금까지 채권을 직접 매수하는 방법을 알아보았다. 타이밍을 잘 따져 봐야 하는 주식 매수보다 쉽고, 살펴봐야 할 요소들도 생각보다 간단하다. 물론 자세히 알아보기 시작하면 어려울 수 있지만 일단 한번 매수해 보기를 권한다. 다음 장부터 본격적으로 채권에 대해 알아보자.

CHAPTER

돈의 가격 알아보기

돈의 가격은 금리로 나타낸다. 채권 가격 역시 금리로 계산되기 때문에 금리에 대한 이해가 중요하다. 금리를 이해하기 위해 현재가치와 미래가치, 금리와 관계에 대해 알아볼 것이다. 이번 챕터를 통해 채권을 비롯한 예금, 대출 같은 금리 기반의 금융상품에 대해 이해하면 더 이상 초보자 단계는 넘어선 것이다.

01
상품에는 가격이 있는데
돈에도 가격이 있을까?

　우리 주변에 있는 대부분의 상품에는 가격이 붙어있다. 상품의 가치를 돈으로 표현한 것이 상품 가격이다. 원재료도 비싸고, 구하기 힘든 상품은 비싼 값을 매기고, 주변에 흔히 있어 구하기 쉬운 상품은 싼 값을 매긴다. 모든 상품은 그에 맞는 가치에 교환될 수 있는 돈으로 가격을 매긴다. 그렇다면 이 돈 자체의 가치는 어떻게 결정될까? 가격이라는 것이 있을까? 돈의 가치를 나타낼 수 있는 무엇인가가 있다면 그것이 돈의 가격이 될 것이다.

　정답은 금리다. 돈의 가격은 금리로 나타내고 가격의 변화는 금리의 변화다. 채권의 가격은 미래 돈의 가격으로 계산되기 때문에 금리와 밀접한 관계를 가진다. 따라서 돈의 가치에 대해서 한번 알아보자.

| 그림 2-1 · 돈의 거래 |

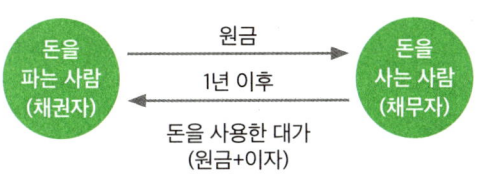

상품에 가격이 매겨져 있으면 상품을 사는 사람이 있고, 파는 사람이 있다. 돈도 마찬가지이다. 돈을 파는 사람이 있고, 사는 사람이 있다. 이때 돈을 파는 사람은 여유자금을 가지고 있는 사람이고, 돈을 사는 사람은 가진 현금이 부족한 사람이다.

상품처럼 돈도 거래가 이루어진다. 내가 가진 돈, 여유자금을 은행에 예금을 하는 것도 돈을 은행에 파는 행위이다. 이때 이 돈 값으로 우리가 받는 것이 바로 이자(금리)다. 예를 들어 오늘 은행에 100만 원을 맡기면 즉 은행에 판다면 3%의 이자를 그 돈의 값으로 쳐서 받을 것이다. 반대로 우리가 돈을 사는 것은 대출이다. 지금 내게 없는 돈을 은행에게 빌리면, 즉 은행에서 돈을 산다면 대출이자 5%를 그 돈의 값으로 지급할 것이다. 우리는 돈을 주고받으면서 그 대가로 이자를 추가로 주고받는다.

우리는 주식도 사고팔고, 물건도 사고 팔지만, 의식하지 못하는 사이에 돈도 사고팔고 있었다!

금리의 사전적 의미는 채권자에게 빌린 돈을 사용하기 위해 채무자가 지불하는 원금에 대한 이자의 비율이다. 보통 백분율(%)로 표시된다. 여기서 이자는 빌린 돈의 사용료라고 할 수 있다. 이자율도 동일한 의미이다. 이 책에서 금리와 이자율은 동일한 의미로 혼용해서 사용한다.

금리를 계산하기 위해서는 일단 채권자(돈을 빌려주는 사람)와 채무자(돈을 빌리는 사람)가 있어서 자금의 거래가 일어나야 한다. 채권자는 자신의 여유자금 유무, 채무자가 믿을 만한지(신용)를 판단하여, 만기 시에 받을 이자 금액을 결정한다. 이자율은 채권자가 현재 자금의 여유가 많다면(유동성이 풍부하면) 낮아지고, 상대방 채무자가 믿을 만할수록(신용도가 높을 수록) 낮아진다. 개인 두 사람 간의 자금거래를 확대해서 보면, 보통 채권자는 은행이 되고, 채무자는 일반 국민이나 기업이 된다. 채권자인 은행의 자금여력은 정부의 유동성 정책에 따라 결정이 되고, 국민 혹은 기업의 신용도는 경제성장률, 국민소득, GDP 등과 관련이 깊다. 따라서 금리를 알려면 거시경제 요소들(경제성장률, GDP 등)을 잘 알아야 한다. 간단하게 돈의 가치를 계산하는 법부터 알아보자.

02 화폐(돈)의 미래가치, 현재가치 계산하기

화폐의 가치는 오늘과 내일이 다르고 1년 뒤가 다르다. 만약 누군가가 여러분에게 현금 1억 원을 지금 주거나 혹은 1년 후에 주겠다고 할 때, 여러분은 언제 받는 것을 선택하겠는가? 당연히 당장 1억 원을 달라고 할 것이다. 왜냐하면 현재 1억 원을 받아야 투자도 할 수 있고, 저축을 해서 이자도 받을 수 있기 때문이다. 현재 수중에 돈을 가지고 있으면 어떤 방법으로도 수익을 올릴 수 있는 기회를 가질 수 있다. 하지만 1년 뒤에 돈을 받겠다고 했을 때는 주려는 사람의 마음이 바뀔지 누가 알겠는가? 이런저런 위험을 감안하면 같은 1억 원이라도, 현재의 1억 원이 1년 뒤 1억 원보다 가치가 더 높다.

현재 가진 돈으로 물건을 산다면 화폐의 가치는 그 물건과 동일한 가치를 지닌다. 물건을 사는 것과 비슷하게 돈을 지금 당장 소비하지 않고 은행에 1년간 예금을 한다면 화폐의 가치는 어떻게 될까? 앞에서 말했듯이 이때 금리가 등장한다. 돈을 주고받는 반대급부가 금리이기 때문이다.

만 원을 예금해서 1년 뒤에 받는 금액을 화폐의 미래가치 FV: Future value of money라고 한다.

화폐의 미래가치를 현재로 환산했을 때 가치를 현재가치 PV: Present value of money로 한다. 말이 좀 어려울 수도 있으니 그림 2-2를 보면서 개념을 익혀보자. 화폐의 현재가치를 이해하는 것이 채권 가격을 이해하는 첫 걸음이다.

| 그림 2-2 · 화폐의 미래가치 1년 |

현재	금리 3%	1년 뒤
10,000		10,300

투자자는 현재 가진 10,000원을 1년 간 3%의 금리로 예금했다고 가정하자. 예금은 1년 뒤에 원금과 이자를 한 번에 받을 수 있다. 이 투자자가 1년 뒤에 받는 이자금액은 다음과 같다.

$$이자금액 = 10,000 \times 3\% = 300원$$

원금과 이자를 1년 뒤에 받는다면 화폐의 미래가치는 다음과 같다.

> 미래가치 = 10,000(원금) + 300(이자) = 10,300원

말이 어려울 뿐 미래가치의 계산은 아주 간단하다.

화폐의 현재가치^{PV} 10,000원은 1년 뒤 미래에 10,300원의 가치를 가진다. 그렇다면, 10,000원을 1년이 아니라 2년 동안 3%의 금리로 예금을 하면 미래가치는 어떻게 될까?

| 그림 2-3 · 화폐의 미래가치 화폐의 미래가치 2년 |

현재	금리 3%	1년	금리 3%	2년
10,000		10,300		10,609

우리가 금리를 3%라고 이야기할 때는 기본적으로 1년의 금리를 말한다. 그러니까 2년 예금을 했다는 것은 1년 동안 예금을 넣고 1년 뒤 10,300원이 되고, 이 금액을 다시 1년 동안 예금한 것과 같다. 따라서 이자를 계산하면 609원이 된다.

> 이자금액 = (10,000 × 0.03) + (10,300 × 0.03) = 300 + 309 = 609원

1년차 이자 300원이 2년차에 또 300원이 아니라 309원이 되는데, 이를 복리효과라고 한다. 복리에 대해서는 나중에 다시 설명하겠다.

현재 10,000원의 2년 뒤 미래가치를 계산하면 10,609원이 된다.

미래가치 = 10,000(원금) + 300(1년차 이자) + 309원(2년차 이자) = 10,609원

만기가 3년 이상이 넘어가면 계산이 복잡해지는데 간단하게 수식으로 나타낼 수 있다.

$$FV = PV \times (1 + r)^n$$

FV: 미래가치, PV: 현재가치(원금), r: 금리(이자율), n: 만기

즉, 미래가치는 현재가치에 미래에 발생할 이자금액을 더해준 금액이다. 수식에서 알 수 있듯이 화폐의 미래가치를 결정하는 것은 바로 금리이다.

만기가 3년이고, 금리가 3%인 예금의 미래가치를 수식에 넣어서 계산하면 10,927원이 된다.

$$FV = 10,000 \times (1 + 0.03)^3 = 10,927$$

화폐의 현재가치는 앞에서 언급한 미래가치 수식을 이용하면 간단하게 구할 수 있다.

$$FV = PV \times (1 + r)^n$$

이 식을 PV로 정리를 하면 간단하게 현재가치를 계산하는 수식을 얻을 수 있다.

$$PV = \frac{FV}{(1+r)^n}$$

3년 후 1만 원의 가치는 현재 얼마인지 계산해 보자. 금리는 3%로 가정하자.

수식에 대입을 해보면 9,151원이 된다.

$$PV = \frac{FV}{(1+r)^n} = \frac{10,000}{(1+0.03)^3} = 9,151원$$

즉, 현재가치 9,151원은 3년 뒤에 10,000원을 얻기 위해 예금해야 하는 금액이다. 미래 발생하는 현금흐름을 3% 금리로 할인했다고 표현한다. 금리가 있기 때문에 항상 현재가치가 미래가치보다 작을 수밖에 없다. 한 때 유럽에서 마이너스(-) 금리가 있었는데 그 경우만 제외하면 항상 그렇다.

화폐의 가치를 계산하는 수식은 채권을 이해하기 위해 기본적으로 알아야 하는 지식이다. 수학에 익숙하지 않은 독자는 어렵다고 느낄 수도 있지만 다음에 알아볼 예금과 대출을 통해서 좀 더 익숙해져 보자. 채권투자 뿐만 아니라 실생활에도 도움이 될 것이다.

03 현재가치와 금리와의 관계

화폐의 현재가치는 뒤에서도 설명하겠지만 채권의 가격이 된다. 식을 다시 한번 확인해 보자.

$$PV = \frac{FV}{(1+r)^n}$$

FV: 미래가치, PV: 현재가치(원금), r: 금리(이자율), n: 만기

만약 금리가 3%에서 4%로 오르면 채권 가격(현재가치)은 어떻게 변할까? 수식에서 r을 4%(0.04)로 변경하면,

$$PV = \frac{FV}{(1+r)^n} = \frac{10,000}{(1+0.04)^3} = 8,889원$$

3%일 때 채권의 가격은 9,151원이었는데, 4%로 금리가 오르면 8,889원으로 하락한다.

즉, 금리와 채권 가격은 반대로 움직인다. 채권은 원금과 만기가 이미 정해진 상품을 거래하고 금리 변화에 따라 사고 파는 가격이 달라진다. 금리가 곧 채권의 가격이고, 이 둘은 불가분의 관계이다. 그림 2-4처럼 시소의 형태를 연상하면 이해하기가 쉽다.

| 그림 2-4 · 금리와 채권 가격과의 관계 |

채권을 이해하기 위해서는 이 관계를 잘 이해하는 것이 중요하다!

04 금리 기반의 금융상품 정보 찾아보기

독자분들은 채권에 대해서 궁금해서 책을 볼텐데 자꾸 왜 금융상품 이야기를 하는지 의아하게 생각할 수도 있을 것이다. 채권과 예금, 대출, 연금 등은 모두 금리 기반의 금융상품들이다. 그 중에서 가장 쉽게 접할 수 있는 상품이 예금이고, 웬만한 직장인이면 어느 정도의 대출도 사용하고 있을 것이다. 따라서 일상에서 쉽게 접할 수 있는 금리 기반 상품을 먼저 살펴보고, 이후 채권에 대해 자세하게 살펴볼 예정이다. 사실상 채권은 기본적으로 예금, 적금, 대출과 동일한 상품이다. 금리에 따라 가치가 결정되기 때문에 그렇다. 또한 예금, 적금은 채권과 경쟁하는 상품들이다. 채권에서 나오는 금리가 예금, 적금보다 높아야 채권에 투자를 할 것이다.

그렇다면 먼저 예금과 적금, 대출 등에 대한 금융상품 정보는 어디서 찾아볼 수 있을까?

우리나라 금융감독원은 2016년부터 파인FINE이라는 금융소비자 정보포털 사이트를 운영하고 있다. 과거 산발적으로 제공되던 금융정보들을 한군데로 모아 금융소비자들이 효율적으로 이용할 수 있도록 관리하고 있다. 파인 사이트(http://fine.fss.or.kr)를 통해서 예금에 대한 정보를 찾아보자.

| 그림 2-5 · 파인 접속화면 |

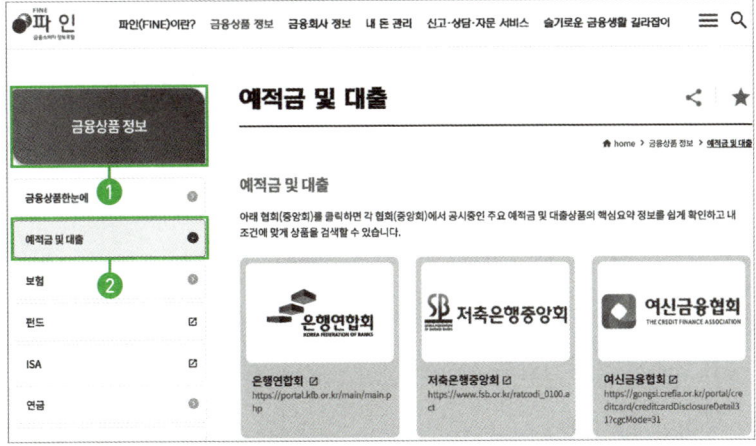

| 그림 2-6 · 파인 예적금 및 대출 화면 |

파인 페이지에서 [금융상품 정보] - [예적금 및 대출]을 클릭하면 은행연합회 사이트로 연결된다(그림 2-6).

은행연합회 사이트로 들어가면 시중은행들의 예금정보를 한눈에 파악할 수 있다. 파인을 통하지 않고 은행연합회 사이트(http://potal.kfb.or.kr)로 직접 접속도 가능하다.

| 그림 2-7 · 은행연합회 소비자포털 화면 |

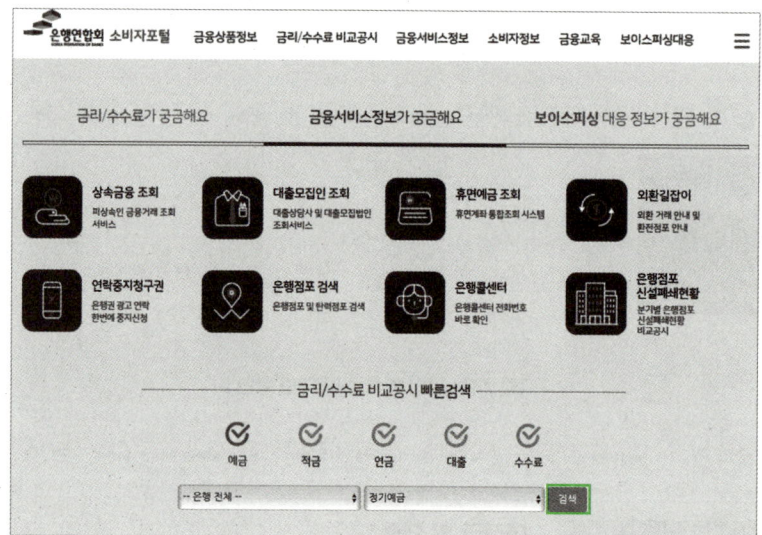

화면에서 검색을 누르면 시중은행들이 제공하는 예금 정보들을 한눈에 파악할 수 있다(그림 2-7).

표 2-1은 은행연합회 사이트에서 확인한 예금정보(2025.3.11 기준)를 정리한 것이다.

| 표 2-1 · 시중은행 예금금리 |

은행	상품명	최고우대금리(단리이자 %)				전월금리 (12개월)
		6개월	12개월	24개월	36개월	
KDB산업은행	KDB 정기예금	2.85	2.90	2.60	2.60	3.05
NH 농협은행	NH올원e예금	2.90	2.90	2.68	2.68	3.06
신한은행	쏠편한 정기예금	2.80	2.90	2.60	2.60	3.04
우리은행	WON플러스예금	2.90	2.95	2.60	2.60	3.07
SC제일은행	e-그린세이브예금	3.00	3.00			2.95
하나은행	하나의정기예금	2.90	2.95	2.60	2.60	3.06
IBK기업은행	IBK굴리기통장 (정기예금)	2.70	2.77			2.84
KB국민은행	KB Star 정기예금	2.85	2.95	2.50	2.50	3.07
Sh수협은행	헤이(Hey) 정기예금	3.05	3.00			3.32
iM뱅크 (구 대구은행)	iM행복파트너예금 (일반형)	2.32	2.91	2.78	2.80	3.02
BNK부산은행	LIVE정기예금	2.70	2.70	2.00	2.00	3.09
광주은행	The플러스예금	3.10	3.00			3.06
제주은행	"J정기예금 (만기지급식)"	3.10	3.00	2.90	2.90	2.94
전북은행	내맘 쏙 정기예금	3.20	3.15			
BNK경남은행	BNK주거래우대 정기예금	2.90	2.95	2.75		2.86
케이뱅크	코드K 정기예금	3.00	2.90	2.60	2.60	3.07
카카오뱅크	카카오뱅크 정기예금	2.85	2.90	2.60	2.60	3.10
토스뱅크	토스뱅크 먼저 이자 받는 정기예금	2.70				

대부분의 은행 예금금리는 2.90% ~ 3.15% 수준에 형성되어 있다. 은행은 대출과 수신(예금 등) 업무를 하는 금융기관으로 신용도가 아주 높다. 은행에 돈을 빌려준다고 해서 떼일 걱정을 하는 사람은 많지 않을 것이다. 따라서 우리가 은행에 예금을 할 때는 상대방에 대한 리스크가 낮기 때문에 예금금리도 낮을 수밖에 없다. 2025년 3월 현재 한국은행 기준금리가 2.75%임을 감안하더라도 상당히 낮은 수준이다. 가장 높은 예금금리를 주는 곳은 전북은행으로 1년 3.15%를 제공한다.

은행에 자금을 예치하는 방법에는 크게 예금과 적금이 있다.
예금은 일정한 금액과 기간을 정하여 저축하는 상품으로, 목돈을 굴리기에 적합한 상품이다. 적금은 정기적으로(매월) 일정금액을 정하여 저축하거나, 자유롭게 저축할 수 있는 상품으로 목돈을 만들기에 적합하다.
적금금리가 예금금리보다 높은 편인데 은행 입장에서 적금은 저축 금액이 크지 않은 경우가 대부분이라 고객 모집을 위해 공격적으로 제시하는 편이다.

| 표 2-2 · 시중은행 적금금리 |

금융회사	상품명	적립 방식	세전 이자율	세후 이자율	최고 우대 금리	이자 계산 방식
우리은행	WON적금	정액적립식	3.40%	2.88%	3.60%	단리
한국스탠다드 차타드은행	퍼스트가계적금	정액적립식	3.10%	2.62%	3.10%	단리
아이엠뱅크	내가만든 보너스적금	자유적립식	3.10%	2.62%	3.90%	단리
부산은행	"부산이라 좋다 Big적금"	자유적립식	2.80%	2.37%	5.00%	단리
광주은행	VIP플러스적금	정액적립식	3.00%	2.54%	3.50%	단리
제주은행	MZ 플랜적금	자유적립식	3.40%	2.88%	4.90%	단리
전북은행	JB 다이렉트적금 (정액적립식)	정액적립식	3.35%	2.83%	3.45%	단리
경남은행	BNK더조은자유적금	자유적립식	3.20%	2.71%	3.90%	단리
중소기업은행	IBK D-day적금 (자유적립식)	자유적립식	3.30%	2.79%	4.80%	단리
농협은행 주식회사	NH고향사랑기부적금	자유적립식	3.10%	2.62%	3.90%	단리
하나은행	주거래하나 월복리적금	자유적립식	3.20%	2.71%	4.20%	복리
주식회사 케이뱅크	코드K 자유적금	자유적립식	3.70%	3.13%	3.70%	단리
수협은행	"Sh해양플라스틱Zero! 적금(정액적립식)"	정액적립식	3.50%	2.96%	4.00%	단리
주식회사 카카오뱅크	카카오뱅크 자유적금	자유적립식	3.10%	2.62%	3.30%	단리
토스뱅크 주식회사	토스뱅크 자유 적금	자유적립식	2.80%	2.37%	3.30%	단리
국민은행	KB내맘대로적금	정액적립식	2.55%	2.16%	3.15%	단리
신한은행	신한 알.쏠 적금	자유적립식	2.80%	2.37%	4.10%	단리

05 예금과 적금에 대하여
(단리와 복리)

예금Deposit은 은행에 돈을 맡기는 것을 의미한다. 보통 목돈이 있는 경우 일정기간동안 이자를 받으면서 은행에 맡기는 예금을 선호한다. 유사한 상품으로 적금이 있는데, 적금은 매월 일정금액을 납부하여 목돈을 만들기에 적합하다. 즉, 돈이 있으면 예금, 돈을 모으고 싶으면 적금이다.

표 2-2에서 이자계산 방식을 보면 단리와 복리라는 용어가 나온다. '단리'는 예금하는 원금에만 이자를 붙이는 방식이고, '복리'는 원금과 추가로 받는 이자금액에도 이자를 붙이는 방식이다. 예를 들어 3년짜리 예금을 3% 금리로 10,000원을 넣는다고 가정을 하면 단리방식은 아주 단순하게 매년 300원의 이자를 받게 된다.

| 그림 2-8 · 예금의 단리 계산 |

	0 금리 3% 1 금리 3% 2 금리 3% 3	합계
1년 뒤 이자	300	300
2년 뒤 이자	300	300
3년 뒤 이자	300	300
원금	10,000	10,000
원금 + 이자		10,900

1년 뒤 이자 = 10,000 × 3% = 300원
2년 뒤 이자 = 10,000 × 3% = 300원
3년 뒤 이자 = 10,000 × 3% = 300원

이자계산을 복리로 하게 되면,

| 그림 2-9 · 예금의 복리 계산 |

	0 금리 3% 1	금리 3% 2	금리 3% 3	합계
1년 뒤 이자	300	9	9.27	318.27
2년 뒤 이자		300	9	309
3년 뒤 이자			300	300
원금			10,000	10,000
원금 + 이자	300	309	10,318.27	10,927.27

> 1년 뒤 이자 = 10,000 × 3% = 300원
> 2년 뒤 이자 = 10,000 × 3% + 300 × 3% = 300 + 9 = 309원
> (원금에 대한 2년 째 이자 + 1년 이자의 이자)
> 3년 뒤 이자 = 10,000 × 3% + 309 × 3% + 300 × 3% = 300 + 9.27 + 9 = 318.27원
>
> 따라서 3년 뒤에 총 10,927.27원이 된다.

단리 계산법과 비교해보면 복리 계산이 27.27원이 더 이익이다. 같은 예금금리라면 복리 이자계산법이 더 유리하다는 것을 알 수 있다.

그렇다면 표 2-2의 적금금리에서 단리와 복리 상품 두가지 중 어떤 것이 유리한지 살펴보자.

하나은행 적금금리는 1년에 3.20% 금리를 주지만 복리로 계산되고, K뱅크는 3.7% 금리를 주지만 단리로 계산된다. 금리만 보면 K뱅크가 높아서 유리할 것 같지만 앞에서 말했듯이 같은 금리면 복리가 더 유리하므로 어느 상품이 유리한지는 계산을 해봐야 알 수 있다. 위의 수식에 따라 직접 계산해볼 수 있지만 인터넷에는 쉽게 계산해 주는 툴이 많이 있다. 인터넷에서 '금융 계산기'를 검색해보자.

| 그림 2-10 · 네이버 검색 금융계산기 |

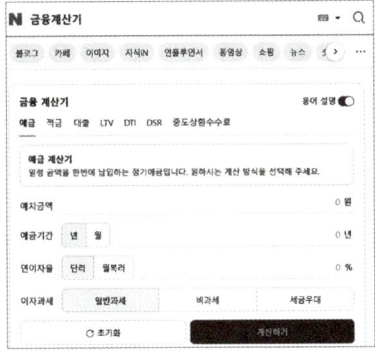

금융계산기에서 적금을 선택하고, 월납입액 100,000원, 적립기간은 3년, 연이자율은 K뱅크 금리인 단리 3.7%, 이자과세는 일반과세로 하고 [계산하기]를 클릭하면 결과를 확인할 수 있다(그림 2-11).

| 그림 2-11 · K뱅크 적금 수령액 계산(좌)   그림 2-12 · 하나은행 적금 수령액 계산(우) |

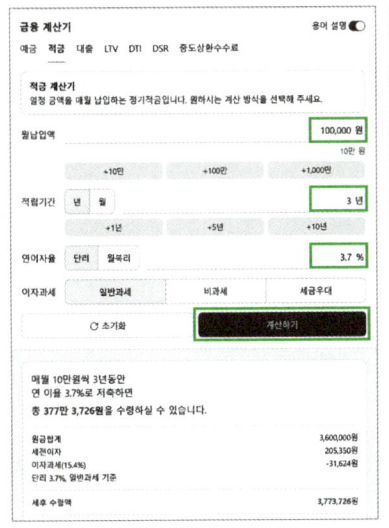 

하나은행 적금도 동일할 방식으로 계산할 수 있다(그림 2-12). 두 적금의 만기 시 수령액, 즉 적금의 미래가치는 K뱅크 단리 3.7%의 경우 3,773,726원, 하나은행 복리 3.2%의 경우 3,755,032원으로 K뱅크에 적금하는 것이 더 유리하다.

이런 방법으로 여러분들도 가입하고자 하는 예금이나 적금에 대해서 직접 계산해 보고 비교해 보기를 바란다.

06 대출에 대하여 (상환방법)

　우리가 실생활에 많이 사용하는 금리 상품의 하나로 대출이 있다. 대출은 부족한 돈을 은행에서 빌려오는 행위이다. 집을 사기위해 주택담보대출을 이용하거나 직장인들이 많이 개설하는 마이너스 통장이 모두 대출상품이다. 은행은 여유자금이 있는 사람에게 예금을 받아서 자금이 부족한 사람에게 대출을 해준다. 예금과 대출은 주체만 다를 뿐, 실상은 비슷한 금리 기반의 금융상품이다.
　대출은 상환방법에 따라 원금균등상환, 원리금균등상환, 만기일시상환으로 나뉜다. 원금은 이자를 제외하고 대출을 받은 원래의 금액을 의미하고 원리금은 '원금+이자'를 의미한다.

　먼저, 원금균등상환방식은 대출의 원금을 매월 동일하게 상환하는 방식이다.

예를 들어 1,000,000원을 빌려서 5% 금리로 10개월동안 상환한다고 하자. 이 경우 원금을 10개월간 균등하게 상환하려면 매월 100,000원씩 원금을 상환하면 된다. 그런데 원금이 매월 줄어들기 때문에 발생하는 이자도 함께 줄어든다. 따라서 매월 납부하는 원리금은 뒤로 갈수록 줄어 든다.

원리금균등상환방법은 매월 원금과 이자를 합한 금액을 동일하게 상환하는 방식이다. 원금균등상환은 시간이 갈수록 원리금이 줄어들지만 원리금균등상환은 원금상환금액을 조정하여 원리금이 매달 동일하도록 설계된 대출상품이다. 대출 초반에는 원금상환 금액을 줄이고, 만기로 갈수록 원금상환금액이 커지도록 구성한다. 매달 동일한 금액을 납부하면 되므로 관리측면에서 유리하다. 만기일시상환은 원금과 이자를 모두 만기시에 한 번에 상환하는 방식이다. 원금균등상환, 원리금상환, 만기일시상환의 총상환금액을 비교해보면 항상 만기일시상환, 원리금상환, 원금균등상환 순으로 금액이 적어진다. 초반 원금상환이 많을수록 대출자에게 유리한 구조이다. 이를 금융계산기에 직접 계산해보면 쉽게 이해할 수 있다.

대출금액 1억 원, 20년 만기, 금리조건이 다음과 같을 때 각 상환방식별 총 상환금액을 계산해보자.

1. 원금균등상환방식 4.5%
2. 원리금균등상환방식 4.3%
3. 만기일시상환방식 4.0%

총상환금액을 보면 만기일시＞원리금균등＞원금균등 방식 순으로 나타났다(그림 2-13 ~ 그림 2-15 참고). 즉, 대출금리가 가장 높지만 총상환금액 기준으로 원금균등방식이 가장 유리하다.

| 그림 2-13 · 원금균등방식 | | 그림 2-14 · 원리금균등방식 |

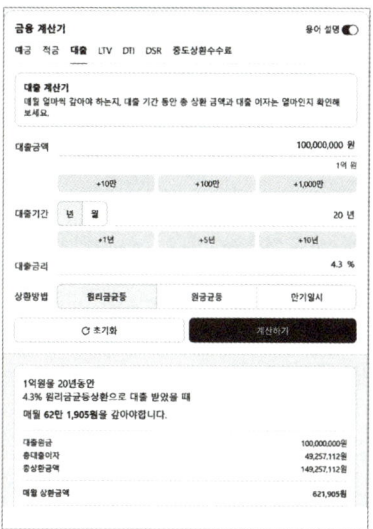

| 그림 2-15 · 만기일시상환 |

```
금융 계산기                                    용어 설명 ⬤
예금  적금  대출  LTV  DTI  DSR  중도상환수수료

대출 계산기
매월 얼마씩 갚아야 하는지, 대출 기간 동안 총 상환 금액과 대출 이자는 얼마인지 확인해
보세요.

대출금액                                    100,000,000 원
                                                 1억 원
        +10만        +100만       +1,000만

대출기간   년    월                              20 년
         +1년        +5년         +10년

대출금리                                         4.0 %

상환방법   원리금균등      원금균등       만기일시

        ↻ 초기화                     계산하기

1억원을 20년동안
4% 만기일시상환으로 대출 받았을 때
매월 33만 3,333원,
마지막달 1억원을 갚아야합니다.

대출원금                              100,000,000원
총대출이자                              80,000,000원
총상환금액                             180,000,000원

매월 상환금액                              333,333원
마지막달 상환금액                      100,000,000원
```

　　대출은 개인의 신용도에 따라서 금리의 적용이 크게 달라지므로 각자의 대출금리에서 해당 조건들을 잘 이해하고 상품을 선택하면 좋겠다.

07
예금과 대출의 주체,
은행의 사정에 대하여

은행^{銀行}의 한자어 유래는 중국에서 왔다. 과거 중국은 금이 아니라 은이 화폐처럼 사용되었는데, 이 은을 유통하는 과정에서 은행이라는 말이 사용되었다고 한다. 중국의 상인조합을 항^行이라고 했는데, 이들이 무역을 하면서 결제 화폐로 은을 사용하였고, 금융업의 주체가 되면서 항이 행으로 변해 은행이라고 불리게 되었다.

앞서 설명한 예금과 대출을 매개해주는 금융기관이 은행이다. 여유자금이 있는 사람에게 예금을 받아서 자금이 부족한 사람에게 자금을 빌려준다. 이 과정에서 은행은 일정한 수익을 얻게 된다. 눈치 챘을지도 모르지만 앞에서 예를 든 예금과 대출의 금리를 보면 예금보다 대출의 금리가 항상 더 높다. 은행은 자금을 맡기는 예금자에게 낮은 이자를 주고, 자금을 빌려주는 대출자에게는 높은 이자를 매긴다. 이 둘의 차이가 은행 수익의 기반이다. 이를 '예대금리차' 혹은 '예대마진'이라고 부른다.

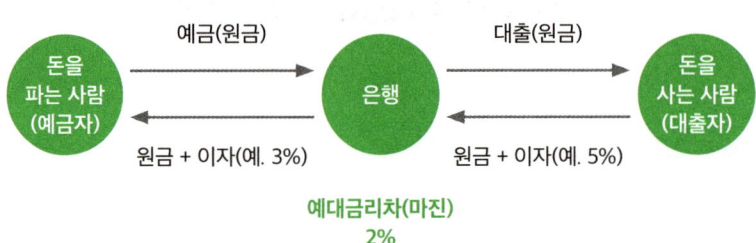

| 그림 2-16 · 은행의 거래구조 |

실제로 은행은 자신의 돈을 가지고 사업을 하지 않고 남의 돈으로 사업을 한다. 그렇기 때문에 국가에서는 은행업의 자본 건전성에 대해 강하게 규제한다. 정부는 은행이 예금자들의 인출에 충분히 대응할 수 있도록 적정한 자본을 유지하도록 강제한다. 만약 은행이 대출해준 개인이나 기업이 만기에 대출을 상환하지 못하는 상황과 동시에 예금자들이 예금인출을 요구하게 되면 자체 자금이 부족한 은행은 망할 수 밖에 없다. 은행의 건전성이 의심되어 다수의 예금자들이 인출을 요구하게 되는 상황을 '뱅크런'이라고 한다. 실제 뱅크런은 은행에 현금이 없어서 발생하기보다는, 예금을 돌려줄 수 없을지도 모른다는 불안감이 커져 은행에 대한 신용이 무너졌을 때 발생한다. 이런 상황을 방지하기 위해 은행은 BIS 비율과 같은 건전성 지표를 적정 수준으로 유지해야만 한다. 실제 우리나라에서

는 2010년 부산저축은행이 부도덕한 경영, 부실 대출 사실이 들통나면서 뱅크런이 발생한 적이 있다. 제2금융권에서 발생하고, 제1금융권까지 확산되지는 않았지만 대규모 인출사태로 은행은 파산하고, 유사한 저축은행 14개가 추가로 파산했다. 이때, 예금자들은 예금자보호를 받았기 때문에 피해가 크지는 않았지만, 은행 후순위 채권에 투자한 사람들의 피해가 컸다.

은행은 국민경제에 자금의 유통을 원활히 하는 중요한 역할을 한다. 또한, 금리형 금융상품의 주요 공급자 중 하나이다. 2024년 말 기준 은행의 예금잔액은 2,600조 원, 대출잔액은 2,400조 원이다. 여기에 채권(국공채) 발행량 1,300조 원을 더하면 금리 기반의 전체 상품 규모라고 할 수 있다. 따라서 은행에서 결정하는 예금과 대출의 금리는 국채 금리와 비교되며 서로 영향을 주고받고, 공사채나 회사채 금리에 영향을 주게 된다. 이것이 채권을 공부하기 위해 초반에 예금과 대출, 은행에 대해서 설명하는 이유이다.

☑ 실제 돈을 만드는데 드는 비용, 시뇨리지　CHECK

어떤 상품의 가치를 측정하는 방법 중 하나가 그 상품을 만드는데 얼마가 들었는지 원가를 따져보는 방법이 있다. 그렇다면 돈을 만드는 원가는 어떻게 될까? 시뇨리지seigniorage 혹은 화폐주조차익이라는 말은 중앙은행이 화폐를 찍어낼 때 생기는 수익을 말한다. 예를 들어 만 원권 1장을 찍는데 드는 비용이 1,000원이라면, 중앙은행은 만 원권을 만 원에 유통하니까 9천 원의 이익이 생긴다. 돈을 찍는 것만으로 얻게 되는 이익을 화폐주조차익, 시뇨리지라고 한다. 반대로 과거에 십원짜리 동전을 구리로 만들었는데, 구리의 가격이 올라 만드는 비용이 더 높았다. 그래서 2010년에 어떤 사람이 5억 원치의 10원짜리 동전을 모아서 녹여 구리로 만들어 12억 원에 판 사건이 있었다. 이때는 화폐훼손에 대한 법 처리 규정이 없어서 폐기물관리법으로 기소했다. 지금은 화폐훼손에 대한 법이 만들어져 있으니 이런 일은 더 이상 없을 것이다. 그렇다면 정부에서는 돈을 많이 찍을수록 이익이 커질 테니 화폐를 많이 발행하려고 하는 유인이 생긴다. 하지만 그렇게 하지 않는 이유는 인플레이션(물가상승) 때문이다. 화폐의 유통량이 많아지면 물가가 상승하며, 국내 경제를 위축시킨다.

CHAPTER 3

돈의 가격은
어떻게 결정되나?

돈의 가격 = 금리 = 이자율이다. 그렇다면 이자율은 어떻게 결정되는지 경제적 관점에서 알아보자. 이론적으로 이자율은 시장에서 자연스럽게 결정된다고 하지만, 정책적 결정에 따라 국가가 정하고 경기에 따라 조절한다는 것을 우리는 알고 있다. 구체적으로 어떤 일이 일어나는지, 현실 경제에 어떤 영향을 미치는지, 그동안 궁금했다면 이번 챕터를 유심히 살펴보자.

01 경제학자들이 말하는 금리 결정 이론

금리金利의 금金은 돈을 뜻하고, 이利는 이익을 뜻하므로 금리라는 말 자체는 돈을 가지고 있을 때의 이익을 의미한다. 즉, 돈의 가치(가격)를 뜻하고, 이자율과 동일한 의미로 쓰인다. 금리의 개념이 생긴 것은 화폐가 나타났던 시기와 일치한다. 인류 문명 발상지 중 하나인 수메르 문명의 함무라비 법전에는 은을 빌리면 20%, 보리를 빌리면 33%를 금리 상한으로 정해 놓았다. 지금 국내 금리의 상한선이 20%인 점을 감안하면 4천년 전에도 합리적인 선에서 금리 상한을 정해 놓은 것 같다.

경제학에서 이자율 결정에 대한 이론은 다양하지만 크게 실제 경제적인 측면과 화폐적인 측면으로 나눌 수 있다.

① **실제 경제적인 측면에서 이자율 결정**

고전학파 경제학자들은 실제 경제적인 측면에서 자금의 수요(투자)와 공급(저축)이 균형을 이루는 곳에서 금리가 결정된다고 보았다. 이를 저축투자설이라고 한다. 앞장에서 간단하게 살펴본 금리 결정에 적용되는 이론이다. 경제학을 조금 공부를 해본 사람이라면 상품가격은 시장에서 그 상품에 대한 수요(물건을 사려는 욕구)와 공급(물건을 팔려고 내놓음)이 일치하는 지점에서 결정된다는 이야기를 많이 들어봤을 것이다. 저축투자설은 금리도 상품의 가격처럼 자금의 수요와 공급으로 결정된다는 이론이다.

| 그림 3-1 · 저축투자설 |

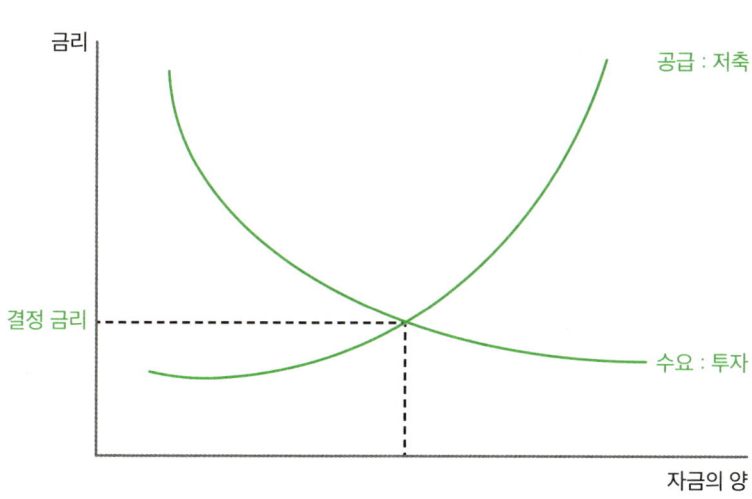

그림 3-1은 자금의 수요와 공급곡선 그리고 시장에서 금리가 결정되는 것을 보여준다.

자금의 수요는 투자를 의미한다. 기업은 대출을 통해 자금을 조달하여 시설투자를 하고, 개인은 대출을 받아 부동산이나 주식에 투자를 한다. 투자를 위해 모자란 자금을 대출을 통해 조달하게 되면 자금에 대한 수요를 증가시킨다. 이때, 금리가 낮으면 자금조달에 따른 비용이 줄어들기 때문에 자금에 대한 수요가 증가한다. 반대로 금리가 높으면 비용이 올라가고, 자금에 대한 수요가 감소한다. 그림 3-1처럼 자금의 수요곡선이 우하향하는 모습으로 그려진다.

자금의 공급은 다양한 경로를 통해 이루어지지만 간단하게 여유자금을 가진 개인이나 기업의 저축으로 이해할 수 있다. 금리가 높아질수록 저축을 하려는 사람들이 많아질 것이므로 자금의 공급곡선은 우상향하는 모양으로 그려진다.

시장에서 금리는 자금의 수요곡선과 공급곡선이 만나는 지점에서 결정된다. 저축투자설에서 조금 더 나아간 이론이 대부자금설이다. 자금의 수요와 공급에 투자와 저축뿐 아니라 정부지출, 통화량의 증감 등을 추가로 고려하는 이론이다.

② 화폐적 측면에서 이자율 결정

저축투자설과 달리 영국 출신 경제학자인 케인즈^{John Maynard Keynes}는 화폐적인 측면에서 이자율이 결정된다고 보았다. 현금보다 유동성이 떨어지는 채권이나 금융자산을 보유할 때 생기는 유동성 제약에 대한 보상으로 금리가 결정된다고 보는 이론이다. 이를 유동성 선호 이론이라고 한다. 말이 좀 어려운데, 일단 유동성에 대해서 알아보자.

'유동성'이라는 것은 금융자산을 얼마나 빠르게 현금화할 수 있는지를 나타내는 말이다. 아파트를 팔아서 현금화하는 것보다 상장주식을 팔아서 현금화하는 것이 더 쉽다. 부동산보다는 주식의 유동성이 더 좋다고 표현한다. 당연히 현금의 유동성이 가장 좋다. 사람들은 만약의 사태를 대비해 유동성이 높은 자산을 선호한다. 케인즈의 이론은 유동성이 제약되는 상품인 예금, 채권 같은 자산에 투자를 할 때는 유동성 제약에 따른 반대급부로 이자를 요구한다는 의미이다.

이론적으로 살펴보면 케인즈가 보는 화폐에 대한 수요는 다음과 같다.

- 거래적 수요 : 실제 물건을 사기 위해 보유하게 되는 화폐에 대한 수요. 소득이 증가할수록 거래적 수요는 증가한다.
- 투기적 수요 : 돈을 직접 들고 있는 것보다 은행에 예금을 하거나 채권에 투자하려는 수요를 말한다. 시장 이자율이 높아지면 예금과 채권의 수익률이 높아져 화폐에 대한 수요가 감소한다.
- 예비적 수요 : 미래가 어떻게 될지 알 수 없는 상황, 불확실성이 높아질수록 우리는 현금을 보유하려는 수요가 커진다.

이 세 가지 수요가 합쳐져서 화폐에 대한 수요가 결정된다.

화폐에 대한 공급은 저축투자설과 달리 국가에서 통화량 조절을 통해 결정된다고 가정한다. 이 때문에 화폐에 대한 공급은 일정한 수준으로 유지되고, 공급곡선은 수직선으로 나타난다.

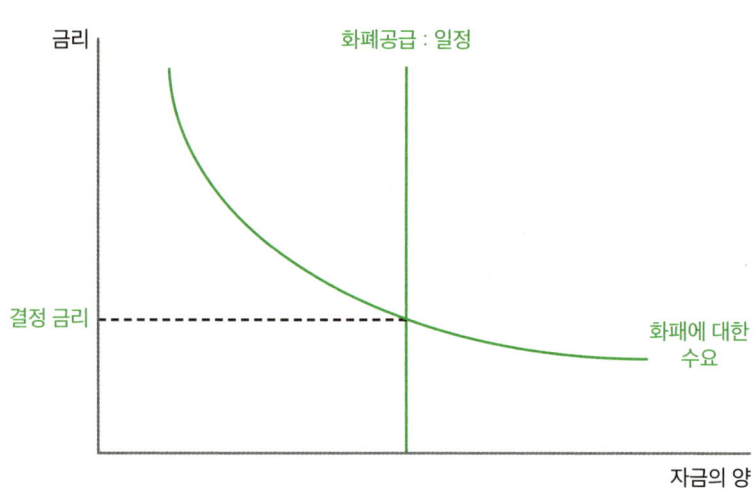

| 그림 3-2 · 유동성 선호 가설 |

결국 시장이자율은 수요곡선과 공급곡선이 만나는 지점에서 결정되는데, 화폐공급은 일정하므로 화폐에 대한 수요에 따라 금리가 결정된다.

이론적으로 금리는 시장에서 결정된다고 하지만 현대사회에서 금리는 시장 수요와 공급보다는 정책적 결정에 따라 좌우되는 경우가 많다. 국가에서는 경기에 대한 조절 기능으로서 금리를 조정하고, 이에 따라 투자와 저축이 영향을 받고, 유동성 프리미엄이 결정되면서 시장 금리가 결정된다.

02 우리나라의 금리를 조절하고 결정하는 곳, 한국은행

    우리나라의 경제 상황에 따라 통화 정책과 기준금리를 결정하는 곳은 한국은행이다. 한국은행은 우리나라의 중앙은행으로 국가경제의 안정과 금융시스템의 건전성을 유지하는 국가 핵심기관이다. 한국은행법 제12조 제1항은 "한국은행을 설립하고 효율적인 통화신용정책의 수립과 집행을 통하여 물가안정을 도모함으로써 국민경제의 건전한 발전에 이바지함"을 법의 목적으로 규정하고 있다. 이렇듯 한국은행의 최우선 목표는 물가안정이고, 이를 달성하기 위해 통화정책을 시행한다.

    한국은행은 화폐를 찍어내는 권한, 즉 발권력을 가진다. 발권력을 통해 국가경제에 유통되는 화폐의 양을 변동시키는 것을 통화정책이라고 한다. 만약 정부(한국은행)가 화폐를 많이 발행하게 되면 시장에 돈이 많이 풀리고 돈의 가치가 낮아진다. 우리는 이 돈의 가치를 앞서 금리라고 했는데 이 금리가 낮아지고, 기업과 가계는 대출을 받기가 쉬워진다. 대출을 통해 투자가 활성화되고, 경제성장률이 높아지고, 경기가 과열된다. 반면 금리가 낮아져 대출이 쉬워지면 집을 사기가 쉬워진다. 즉, 부동산 가격이 오르고, 다른 자산 가격들도 전반적으로 상승하게 되는데 이를 물가 상승, 인플레이션이라고 한다. 물가가 오르면 서민경제가 어려워지고, 소비가 줄어들면서 다시 경기 침체를 불러온다. 심각한 물가상승이 나타나면 경제시스템이 불안정해지고, 경제가 피폐해진다.

보통 선거를 통해 선출되는 정권의 입장에서는 경제성장률이 높아지는 것을 선호한다. 따라서 정부는 경제성장률을 높이는 정책을 시행하지만 한국은행은 어느 정도 독립성을 가지고 물가상승을 억제하기 위한 통화정책을 시행한다.

한국은행은 적절한 통화정책을 시행하기 위해서 국내외 경제상황에 대해 명확히 이해하고 있어야 한다. 따라서 경제금융상황에 대한 조사연구는 물론이고, 경제통계를 작성하는 역할도 담당하고 있다. 그러므로 한국은행의 홈페이지에서 다양한 경제 데이터를 얻을 수 있다.

한국은행의 통화정책 수단은 크게 기준금리, 지급준비율, 공개시장조작 3가지가 있다. 이중에서 지급준비율과 공개시장조작에 대해 알아보고, 기준금리는 잠시 뒤에 자세히 살펴보자.

- **지급준비율** Reserve Requirements Ratio 은 고객이 시중은행에 예금을 하는 경우, 고객의 예금 중 상환에 대비하여 일정 비율을 중앙은행에 예치해 놓는데 그 금액의 정도를 말한다. 이 지급준비율을 올리거나 내려 시장의 통화량을 조절한다. 예를 들어, 한국은행이 지급준비율을 5%로 정했다고 한다면 은행은 고객이 예금을 맡긴 금액 중에서 5%는 대출하지 못하고 중앙은행에 예치를 해야 한다. 그런데 한국은행이 경기가 과열인 것으로 판단하고, 이 지급준비율을 10%로 올리면 대출하지 못하는 금액이 더 커지고 그 만큼 시장에서 자금의 유동성이 줄어든다. 반대로 지급준비율을 낮추면, 대출 가능 금액이 커지므로 유동성이 확대되는 효과를 가진다.

- **공개시장조작** Open market operation 은 중앙은행이 국채나 공사채를 직접 사고 팔면서 통화량을 조절하는 통화정책이다. 중앙은행이 발권력(돈을 찍어내서)을 이용해 채권시장에서 국채를 매수하게 되면, 시장에는 국채를 매수한 금액만큼의 유동성(화폐)이 공급된다. 반대로 중앙은행이 보유 중인 국채를 매각하게 되면, 시장에 매도한 금액만큼 유동성이 회수된다. 또한, 국채를 매수하게 되면, 국채의 가격이 올라가고, 금리는

하락하는 효과를 가진다. 반대로 국채를 매도하게 되면 국채의 가격이 하락하고, 금리는 상승하는 효과를 보인다. 자금시장의 유동성과 국공채 금리를 모두 조절하는 정책이다.

한국은행은 통화정책 이외에 외환보유액 관리, 지급결제시스템 관리, 금융시스템 건전성 관리 등 중요한 기능을 담당한다.

03 돈의 가치가 계속 떨어진다면 일어나는 일

한국은행의 주요 정책 목표는 물가안정이다. 2019년 이후 현재까지 한국은행이 관리하는 물가안정 목표는 소비자물가상승률이 전년대비 2%이다. 한국은행은 일시적으로 물가상승률이 2%를 벗어날 수는 있지만, 중기적인 관점에서 소비자물가상승률이 물가안정목표에 근접하도록 통화정책을 운영한다. 그렇다면 물가상승이라는 것은 무엇일까?

물가상승 혹은 인플레이션Inflation은 일정기간동안 물가가 지속적으로 오르는 현상 혹은 화폐가치가 지속적으로 떨어지는 현상을 말한다. 반대말은 물가하락 혹은 디플레이션Deflation이라고 한다. 보통 경제가 성장하면 인플레이션을 동반하고, 경제가 침체를 보이면 디플레이션을 보이기 때문에 적절한 인플레이션을 용인하면서 경제가 성장하는 것을 이상적으로 본다. 화폐수량설에 따르면 물가상승은 통화량 증가, 즉 돈이 시장에 많이 풀리기 때문에 발생한다. 시장에 아이스크림이 1,000원인 경제가 있다고 가정해보자. 이때 다른 조건은 그대로인데, 돈을 마구 찍어 통화량을 두배로 늘리면 돈의 가치가 하락한다. 돈 가치의 하락으로 원래 1,000원이면 살 수 있던 아이스크림을 이제는 2,000원을 주고 살 수밖에 없다. 그런데 통화량을 극단적으로 늘리면 급격한 인플레이션(하이퍼인플레이션)이 발생하는데 1차 세계 대전 이후 독일과 2000년대 초 짐바브웨가 대표적이다.

1920년 독일은 1차 세계대전 패배로 막대한 전쟁 배상금을 승전국에게 지급해야 했고, 전후 독일경제는 침체를 보였다. 독일 정부는 전쟁 배상금을 지급하고 경기를 부양하기 위해 돈을 무제한적으로 찍어내기 시작했고, 결과적으로 화폐가치가 급락했다. 화폐가치 급락으로 1923년 독일의 소비자물가는 1922년 대비 1,000,000,000배로 상승했다. 매시간마다 물가가 오르는 상황이 계속되었다. 어떤 물건이든 빨리 사는 것이 이득인 상황이 되었고, 이는 물가 상승을 더욱 부추겼다. 결국 독일의 화폐인 마르크화는 종이 쓰레기로 전락했고, 물물교환이 성행했다. 당시 달러당 마르크화 환율을 살펴보면 극단적인 물가상승이 더 와닿는다.

이렇듯 급격한 물가 상승으로 민간 경제는 붕괴되었고, 경기는

| 그림 3-3 · 독일 하이퍼인플레이션 시기 달러당 마르크화 |

더욱 힘들어졌다. 결국 히틀러의 나치당이 부상하는 계기가 되었고, 2차 세계대전으로 이어졌다.

비교적 최근인 21세기에 하이퍼인플레이션을 겪은 사례로 짐바브웨가 유명하다. 2008년 짐바브웨는 독재자인 로버트 무가베(Robert Mugabe) 대통령하에 정치적 불안정성이 극에 달했고, 투자자와 기업의 신뢰를 저하시켜 경제적 불확실성이 크게 증가하자 경기가 침체됐다. 짐바브웨의 경제는 농업에 크게 의존해왔는데, 무가베 정부가 대규모 농지 수탈 정책을 시행하면서 농업생산성이 급격히 감소했다. 2000년 농지 수탈 전 옥수수 생산량이 200만톤을 넘었으나, 농지 수탈 이후(2008년) 옥수수 생산량은 45만톤으로 급락했다. 이로 인해 식량 생산 부족으로 국내 인플레이션이 발생했고, 수출감소로 외환 보유고가 급감했다. 정부는 경기 침체를 극복하기 위해 화폐를 대량으로 발행했고, 통화가치는 더욱 더 급락하게 되자 결국 하이퍼인플레이션을 촉발하게 되었다. 이렇게 짐바브웨 화폐의 가치가 급락하자, 무가베 정부는 지폐의 단위를 늘리는 정책을 시행한다. 무려 100조 달러짜리 지폐를 발행하게 된다. 이 화폐는 지금도 쇼핑몰에서 기념품으로 팔리는 모습을 확인할 수 있다.

| 그림 3-4 · 짐바브웨 100조 달러 화폐 |

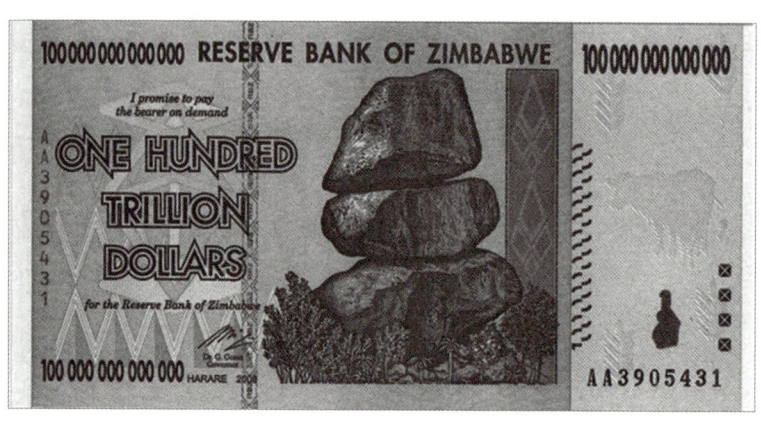

당시 짐바브웨 정부가 발표한 물가상승률은 12억%였으며 외부 언론들은 최대로 897해%로 집계하기도 했다. 사실 100조 짐바브웨 달러로 계란 3개를 살 수 있었다고 하니 어마어마한 물가상승률이라고 할 수 있겠다. 결국 짐바브웨는 2009년 자국 화폐를 폐지하고 미국의 달러, 남아프리카공화국의 랜드, 영국 파운드를 법정통화로

채택했다.

위의 두 사례에서 보듯이 경기부양을 위해 통화량을 늘리게 되면 물가가 걷잡을 수 없이 상승할 가능성이 있다. 물가상승률이 일정 범위 수준을 넘어서면 국가경제가 파탄나는 결과로 이어진다. 따라서 중앙은행은 현재의 경기수준을 잘 판단하여 적정한 물가수준을 유지하기 위해 노력해야 한다.

| 그림 3-5 · 한국의 소비자물가상승률 |

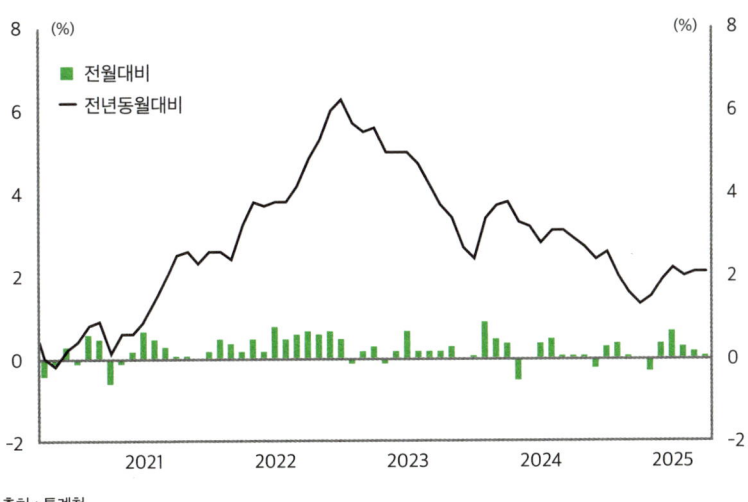

출처 : 통계청

그림 3-5는 현재 우리나라의 소비자 물가상승률을 보여준다. 우리나라 소비자물가상승률은 2022년 7월 6.3%로 급등한 이후 현재 (2025년 4월) 2.1%로 관리목표 수준으로 안정화되었다.

2022년 7월 물가상승률 6.3%는 1998년 11월 외환위기 당시 6.8%가 오른 이후 23년 8개월 만에 최고치를 기록했다. 2008년 글로벌 금융위기 당시 4.7%보다도 높은 상승률을 보였다. 물가 상승의 원인은 우크라이나-러시아 전쟁으로 인한 곡물가격 상승, 코로나 방역조치 해제에 따른 외부활동 증가, 대면 서비스 회복이 큰 영향을 끼쳤다. 이 시기 한국은행은 물가상승률을 낮추기 위해 기준금리를 0.5%에서 3.75%까지 올렸고, 결과적으로 물가상승률은 2% 수준까지 떨어졌다.

04 기준금리를 결정하는 방법

금리는 한 나라의 금융정책에서 가장 중요한 요소이다. 경제성장률, 물가상승률, 소비와 투자, 환율과 정부지출 등 현재 국가 경제의 상황을 살펴보고 단기 금리가 어느 정도가 적정한지 판단하게 된다. 이때 결정하는 금리를 기준금리라고 하고, 한국은행의 금융통화위원회에서 기준금리를 결정한다.

기준금리는 한국은행이 금융기관과 환매조건부채권^{RP} 매매, 단기 자금 거래를 할 때 기준이 되는 정책금리를 의미한다.

쉽게 말해서 한국은행이 시중은행에 대출을 해줄 때 적용되는 금리이다. 시중은행은 민간에 자금을 대출해 주는데, 이 은행이 돈이 없을 때 최종 대부자 역할을 하는 곳이 한국은행이다. 한국은행이 시중은행에 대출해주는 기준금리가 결정이 되면 이 금리를 기초로 시중은행간에 주고받는 자금거래에 적용되는 단기금리(콜금리)가 결정된다. 콜금리에 일정한 금리를 더 얹어서 고객에게 제공하는 예금금리와 대출금리가 결정되고 이 영향이 실물경제로 파급된다. 일종의 나비효과처럼 신용도가 가장 좋은 은행(한국은행과 시중은행)간의 자금거래 금리가 결정되면 경제의 가장 말단인 가계나 기업의 예금금리, 대출금리에 영향을 주고, 실물경제에 영향을 미친다.

한국은행이 결정하는 기준금리는 7일 만기의 환매조건부채권RP: Repurchase agreement의 금리를 말한다. 한국은행이 금융기관(은행, 증권사 등)에 7일 동안 빌려 줄 때 적용되는 금리이다.

한국은행은 최고 의사결정기구인 금융통화위원회(금통위)에서 연 8회의 정기회의를 통해 기준금리를 결정한다. 금융통화위원회는 한국은행 총재를 의장으로 하고, 한국은행 부총재, 각 부처 추천인 5인으로 총 7인의 위원이 금리결정에 참여한다.

그림 3-6은 한국은행의 기준금리 결정 시점과 금리 수준을 보여준다. 2008년은 리먼브라더스 파산으로 촉발된 글로벌 경제 위기가 발생하여 우리나라에도 경기 침체 우려가 있던 시점이었다. 당시 한국은행은 경기 침체를 막기 위해 5.25% 였던 기준금리를 2.00%까지 내려 경기 침체에 대응했다. 반대로 2022년은 앞에서 언급했듯이 물가상승률을 억제하기 위해 기준금리를 0.5%에서 3.75%까지 올려서 대응했다. 이처럼 한국은행은 현재의 경기상황을 면밀히

파악하고, 경기조절을 위해 기준금리를 결정한다.

| 그림 3-6 · 한국은행 기준금리 추이 |

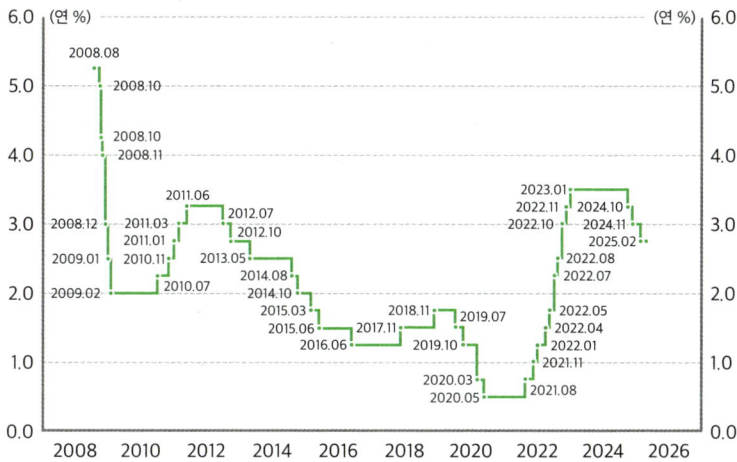

☑ 환매조건부? RP?

RP, 즉 환매조건부채권Repurchase agreement이란 미래의 특정 시점에 특정 가격으로 동일한 증권을 반대방향으로 매수 및 매도할 것을 약정하고 이루어지는 증권의 매매를 말한다. 쉽게 설명해서, 내가 가지고 있는 채권을 현재 10,000원에 팔면서 이 채권을 7일 뒤에 10,002원에 다시 사주겠다고 약속하는 거래이다. 현재 채권을 팔면 바로 현금이 들어오고, 7일 뒤에 다시 그 채권을 사면 현금이 나간다. 즉, 이 거래 참여자는 7일 동안 자금을 빌린 효과가 있다. 일반적으로 대출을 받는 것과 차이는 채권을 담보로 제공한다는 점이다. 한국은행과 금융기관(은행, 증권사 등) 사이에 이루어지는 RP 거래에 사용되는 채권은 국채, 특수채, 은행채 등이 있다. 한국은행은 시중은행들에게 우량한 채권을 담보로 받고 자금을 빌려준다. 가장 신용도가 우수한 상대방끼리 담보를 주면서 7일간 자금을 거래할 때 통용되는 금리가 기준금리이다.

RP는 은행간에만 발생하는 거래가 아니라 일반 투자자와 금융기관 간에 단기 자금 거래를 위해서도 발생한다. 이때 적용되는 금리는 당연히 기준금리보다 높다. 금융기관들이 RP를 통해서 자금을 조달하는 이유는 여러가지가 있다. 예를 들어보자. 보통 증권사는 보유하고 있는 자금을 안정적으로 운용하기 위해 국채나 특수채 등에 투자를 한다. 그러다 갑자기 회사의 유동성이 부족해지면 채권을 매도하여 자금을 확보할 수 있다. 하지만 이 경우 시장에서 채권을 매각하게 되면 가격이 하락하고, 거래비용도 발생하게 된다. 매각해야 되는 물량이 많으면 보유하고 있는 채권을 더 싼 가격에 처분할 수밖에 없다. 그런데 대부분의 증권사에서 이런 단기 유동성 부족은 일시적인 경우가 많다. 따라서 증권사는 다른 금융기관들과 RP 거래를 통해 거래비용을 줄이고, 시장에 영향을 주지 않으면서 단기 자금을 쉽게 조달할 수 있다. RP는 한국은행과 금융기관과 거래되는 시장이 있고, 금융기관 혹은 투자자들과 거래되는 시장으로 구분된다.

05
기준금리 결정이
현실 경제에 미치는 영향

한국은행의 기준금리 결정은 다양한 경로를 통해 금융부문에서 실물경제로 영향을 미친다. 이 경로는 길고 복잡하며 다양한 경제 상황에 따라 다르게 반영이 되므로 물가에 미치는 영향의 크기나 파급되는 시차를 정확하게 측정할 수는 없다. 일반적으로 통화정책은 크게 금리경로(단기금리 → 장기금리), 자산가격경로(주식, 채권, 부동산 가격), 환율경로(수출과 수입)로 파급된다.

앞서 말한대로 한국은행 기준금리는 7일 만기의 RP 금리를 의미한다. 아주 짧은 기간동안 한국은행과 금융기관 사이에 자금을 거래하는 금리로, 이 기준금리를 인상하면 시중은행의 단기 조달 금리(콜, Call 금리)를 상승시키다. 하루짜리 금리인 콜금리가 상승하면 은행의 90일 조달금리인 CD 금리도 상승하고, 예금 및 대출금리도 오르게 된다. 신용도가 좋은 금융기관들의 단기(1일, 30일) 조달 금리가 오르게 되면 점진적으로 중장기 국채 금리, 회사채 금리들도 상승 압력을 받게 된다. 기준금리 인상으로 예금과 대출금리가 오르게 되면, 예금 수요가 늘어나고, 대출에 대한 이자 비용이 커져 실제 소비가 줄어든다. 기업의 금융비용도 커져 투자가 줄어들게 된다. 소비와 투자가 줄어들면 경기가 하락하고, 물가상승률이 억제된다.

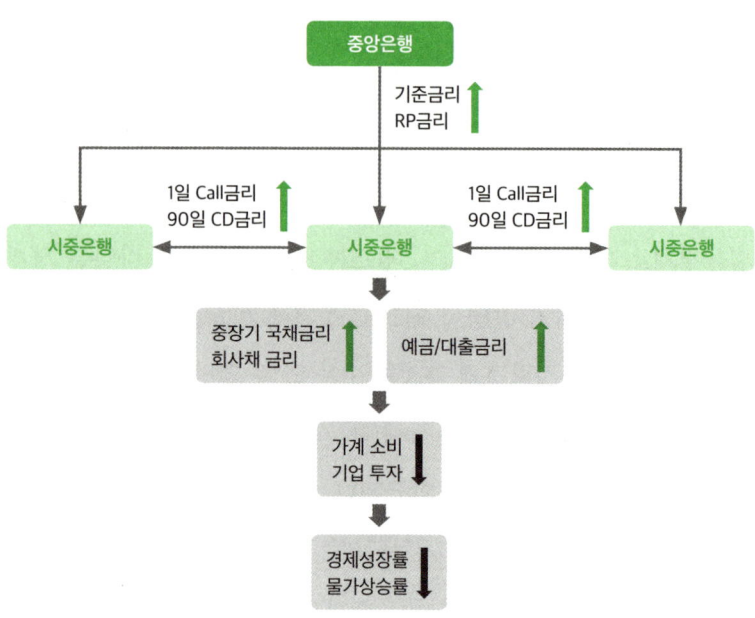

| 그림 3-7 · 기준금리 인상 시 금리경로 파급효과 |

기준금리 인상은 자산시장에도 영향을 미친다. 기준금리가 인상되면 기업의 금융비용이 증가하고, 투자가 감소하게 되고 미래

기업의 수익성이 감소하게 된다. 기업의 수익성이 감소하면 주식 투자자는 주식을 매도하게 되고, 주가는 하락하게 된다. 채권은 금리경로를 따라 금리가 상승하게 되므로 채권 가격은 하락한다. 부동산 역시 대출금리 상승으로 투자가 감소하고, 가격 하락 압력을 받는다. 따라서 기준금리 인상은 자산가격 하락으로 이어진다.

| 그림 3-8 · 기준금리 인상 시 자산경로(주식) 파급효과 |

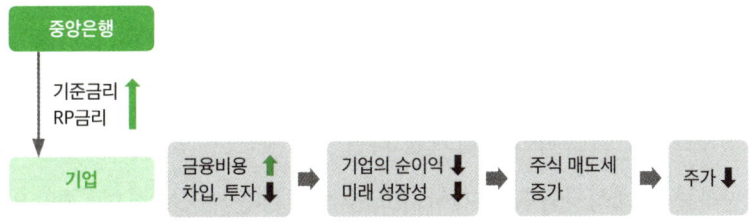

기준금리 인상은 환율에도 영향을 준다. 다른 국가의 금리가 변하지 않은 상황에서 우리나라만 금리가 상승하게 되면 원화 자산의 수익률(간단하게 국채 수익률이라고 하자)이 상승하게 된다. 글로벌 투자기관들은 각 나라들의 국채를 매수해서 운용하게 되는데, 상대적으로 우리나라 국채 수익률이 높아지므로 투자를 더 많이 하게 된다. 이 경우 원화를 사려고 하는 사람이 많아지는 것을 의미하므로 원화 가치가 상승하게 되고, 환율은 하락하게 된다. 원화가치가 높아지면 수입품 가격이 하락하고 수입품에 대한 수요가 늘어나게 되고, 반대로 수출품 가격이 상승하고 수출은 감소하게 된다. 우리나라는 에너지(원유, 가스 등)를 수입에 의존하는데, 금리 인상으로 에너

지 가격이 하락하고, 물가상승 압력이 줄어들게 된다.

| 그림 3-9 · 기준금리 인상 시 환율경로 파급효과 |

중앙은행 → 기준금리↑ RP금리↑ → 원화자산 수익률↑ → 원화가치↑ 환율↓ → 원유, 가스 등 에너지 가격↓ → 물가↓

이처럼 기준금리 인상은 다양한 경로를 통해 경제성장률(소비, 투자, 수출입)을 감소시키고 물가를 하락하게 만든다. 반대로 기준금리 인하는 경제성장률을 증가시키고 물가를 상승하도록 한다. 중앙은행이 기준금리를 조정하는 행위만으로, 물론 시차가 있지만, 우리가 일상 생활에 사용하는 물건들의 가격에 영향을 미치고 우리의 소득에도 영향을 주며 보유하고 있는 주식과 부동산의 가격도 영향을 준다. 이렇게 금리 결정은 알게 모르게 큰 영향을 주고 있었는데도, 그동안 우리는 큰 관심 없이 살고 있었는지도 모르겠다.

| 그림 3-10 · 통화정책 파급효과 |

한국은행 기준금리 (정책금리) → 자산 가격/신용/환율/기대 심리 → 총수요 (소비/투자/수출입) → 생산, 물가 등
↕ 콜금리 → 장단기 시장금리, 여수신금리

출처 : 한국은행

☑ 콜(Call)금리? CD금리?　　　CHECK

- 콜금리^{Overnight rate, Call rate}는 한국은행이 아닌 은행과 은행 사이에 남는 자금을 거래할 때 적용되는 금리로 보통 하루^{Overnight}짜리 금리를 의미한다. 은행은 매일 자금의 유출입이 일어나는데 일시적으로 모자라거나 남게 되는 자금이 발생한다. 이런 자금을 매일 서로의 필요에 따라 주고받는데 이때 콜금리를 적용한다.

- CD는 Negotiable Certificate of Deposit의 약자로 양도성 예금증서를 의미한다. 보통 우리가 가입하는 예금은 은행계좌로 표시가 될 뿐 서로 주고받을 수 없는데 CD는 양도가 가능하도록 만든 상품이다. 일반인들이 흔히 취급하는 상품은 아니고 주로 은행과 은행 사이에 거래되는 상품이다. 보통 CD는 90일 만기로 은행 사이에 거래되고, 이를 통해 필요 자금을 조달한다. 과거에는 부동산 담보대출을 받으면 기준이 되는 금리가 이 CD금리였다. 은행 입장에서 시장에서 조달하는 CD금리가 원가라고 볼 수 있고, 이렇게 조달한 자금으로 대출을 실행한다. 그래서 우리가 주택담보대출을 받으면 CD금리 + 가산금리의 형태로 대출을 받았다. 지금은 CD금리 대신 코픽스 금리를 기준으로 주택담보대출이 실행된다.

06 미국 중앙은행의 기준금리 결정

글로벌 경제 1위인 미국의 기준금리 결정은 다양한 경로를 통해 세계 각국의 경제에 영향을 준다. 많은 국가의 중앙은행들은 미국의 통화정책 변화에 촉각을 곤두세운다. 미국은 달러의 발권력을 가지고 자국의 통화정책을 결정할 뿐 아니라, 세계 경제의 통화정책도 좌지우지할 수 있다. 미국이 달러를 찍어내며 유동성을 공급하면(통화완화) 글로벌 달러 공급량이 많아지고, 이는 각국의 환율, 투자, 무역수지 등에 영향을 준다. 각 나라의 중앙은행은 달러 공급에 대응하기 위해 통화정책 변화를 꾀한다.

미국의 중앙은행은 연방준비제도Federal Reserve(이하 연준)라는 연방정부의 독립기관이다. 연준의 가장 중요한 역할은 통화정책 수립과 미국 달러 지폐의 발행이다. 미국은 기축통화국으로서 달러 발권력을 가지고 글로벌 경제에 막강한 영향력을 행사하고 있다. 이를 대행하는 곳이 연준이다.

연준은 1913년 연방 준비법에 의거하여 설립된 미국의 중앙은행으로 민간 기업인 12개 연방준비은행과 연방정부 내 독립기관인 연방준비제도 이사회로 구성되어 있다. 우리나라 중앙은행은 공공기관인데 반해 미국은 표면적이지만 민간기업이 중앙은행의 소유권을 가지고 있는 특이한 경우이다. 민간이 소유권을 가지고 연준이 아무리 많은 수익을 내더라도 일정 배당금을 주주에게 배분하는 것 외에 모든 수익은 미국 재무부로 귀속되어, 사실상 정부기관으로 기능하다. 다시 말해 주주인 민간 은행들은 매년 이익의 6%를 배당으로 가져가며 나머지 94%의 수익은 모두 재무부에 귀속된다. 연준의 이익은 대부분 미국 정부가 연준으로부터 돈을 빌려 화폐를 발행한 대가로 지급하는 이자로 구성된다.

연준은 한국의 중앙은행과 마찬가지로 통화정책을 수립하고, 미국 국채를 담보하여 1:1로 대응하는 금액의 화폐를 발행한다. 그리고 우리나라 금융감독원의 역할인 은행/금융기관 감독과 규제 업무도 담당한다. 연준을 운영하는 최고 의사결정기구를 연방준비제도이사회Federal Reserve Board, FRB라고 하고, 통화정책을 결정하는 곳을 연방공개시장위원회Federal Open Market Committee, FOMC라고 부른다.

미국의 기준금리 결정은 연방공개시장위원회FOMC에서 결정된

| 그림 3-11 · 연방준비제도의 구성과 역할 |

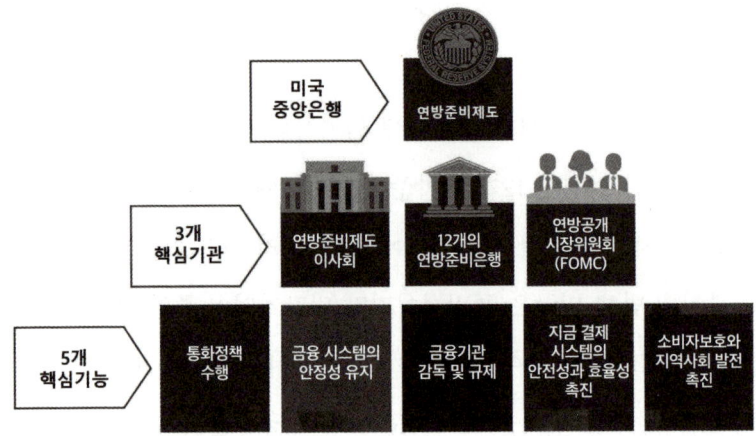

출처 : 연방준비제도 홈페이지

다. FOMC는 연방준비제도^{Fed}가 개최하는 통화정책회의 혹은 경제정책을 논의하고 합의하는 산하 위원회이다. 1년에 8번 회의를 통해 매 회의시 기준금리의 방향을 결정한다. 연방준비제도이사회^{FRB} 이사 7명과 12개 연방준비은행 총재들 중 5명, 총 12명이 위원으로 참여한다. 현재 제롬 파월이 FRB 의장이면서 FOMC 위원장이다. 금리 결정은 12명의 다수결로 결정되고, 각 위원들은 현재의 경제상황을 분석한 후 각자가 생각하는 현재의 금리 수준과 장기적인 금리에 대한 의견을 표현한다. 위원 각자가 익명으로 점도표상에 전망치를 제시한다(그림 3-13 참고).

그림 3-12는 연준에서 분석한 25년부터 3년간의 GDP 성장률 예

| 그림 3-12 · FOMC GDP 예상 |

Percent													
변수	중앙값				중심 경향값				범위			
	2025	2026	2027	장기	2025	2026	2027	장기	2025	2026	2027	장기
25년 3월 예상 실질GDP	1.7	1.8	1.8	1.8	1.5-1.9	1.6-1.9	1.6-2.0	1.7-2.0	1.0-2.4	0.6-2.5	0.6-2.5	1.5-2.5
24년 12월 예상 실질GDP	2.1	2.0	1.9	1.8	1.8-2.2	1.9-2.1	1.8-2.0	1.7-2.0	1.6-2.5	1.4-2.5	1.5-2.5	1.7-2.5
25년 3월 예상 실업률	4.4	4.3	4.3	4.2	4.3-4.4	4.2-4.5	4.1-4.4	3.9-4.3	4.1-4.6	4.1-4.7	3.9-4.7	3.5-4.5
24년 12월 예상 실업률	4.3	4.3	4.3	4.2	4.2-4.5	4.1-4.4	4.0-4.4	3.9-4.3	4.2-4.5	3.9-4.6	3.8-4.5	3.5-4.5
25년 3월 예상 PCE	2.7	2.2	2.0	2.0	2.6-2.9	2.1-2.3	2.0-2.1	2.0	2.5-3.4	2.0-3.1	1.9-2.8	2.0
24년 12월 예상 PCE	2.5	2.1	2.0	2.0	2.3-2.6	2.0-2.2	2.0	2.0	2.1-2.9	2.0-2.6	2.0-2.4	2.0
25년 3월 예상 핵심 PCE	2.8	2.2	2.0		2.7-3.0	2.1-2.4	2.0-2.1		2.5-3.5	2.1-3.2	2.0-2.9	
24년 12월 예상 핵심 PCE	2.5	2.2	2.0		2.5-2.7	2.0-2.3	2.0		2.1-3.2	2.0-2.7	2.0-2.6	
25년 3월 예상 기준금리	3.9	3.4	3.1	3.0	3.9-4.4	3.1-3.9	2.9-3.6	2.6-3.6	3.6-4.4	2.9-4.1	2.6-3.9	2.5-3.9
24년 12월 예상 기준금리	3.9	3.4	3.1	3.0	3.6-4.1	3.1-3.6	2.9-3.6	2.8-3.6	3.1-4.4	2.4-3.9	2.4-3.9	2.4-3.9

출처 : 연방준비제도 홈페이지

측과 장기 성장률 전망에 대한 자료이다.

경제지표상으로 GDP 성장률이 둔화되고 물가가 목표범위 내에서 안정될 것으로 예상되면 금리 인하를 통해 경기 부양을 주장하는 위원들이 많아진다. 그렇게 되면 그림 3-13의 점도표처럼 2025년에 기준금리 예상에 대한 전망이 하락하게 된다.

그림 3-12를 살펴보면 실제 2025년 미국의 GDP 성장률 예상은 작년 12월 예상한 수치인 2.1%에서 1.7%로 하락했지만 장기성장률 전망치인 1.8%로 큰 변동은 없다. 물가상승률 PCE inflation 전망은 2.5%에서 2.7%로 상승해 물가상승 압력은 다소 높아지는 모습이다.

현재 경제상황을 반영하여 FOMC 위원들은 그림 3-13의 점도표와 같이 투표했다. 현재 미국의 기준금리는 4.25% ~ 4.50%인데, 점도표상 향후 3년간 기준금리는 하락할 것으로 생각하는 위원들이 많다. 이번 FOMC에서 한차례 기준금리를 인하했고, 2025년에 추

| 그림 3-13 · FOMC 점도표 |

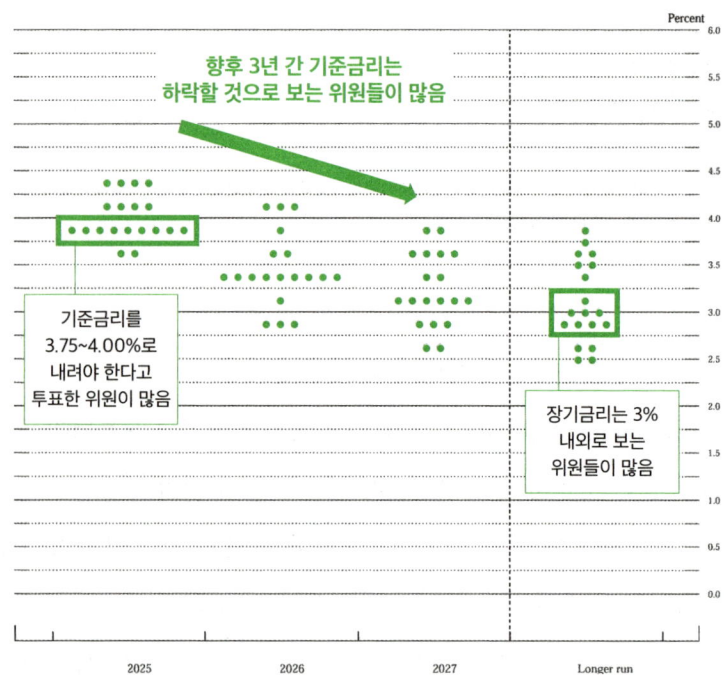

출처 : 연방준비제도 홈페이지

가로 한 번 더 기준금리를 인하해 3.75~4.00%로 맞출 가능성이 높다. 위원들은 장기적으로 3% 내외의 금리가 적정할 것으로 생각하고 있기 때문에 2026년에도 몇 차례 더 기준금리 인하를 예상해 볼 수 있다. 점도표는 미국의 향후 3년 간의 기준금리 향방을 예측해 볼 수 있는 중요한 자료이다.

여기서 미국과 한국의 기준금리의 큰 차이점 하나를 확인할 수 있다. 한국은 기준금리를 3.50%처럼 특정 지점을 딱 찍어서 단일 금리로 결정한다. 그런데 미국은 4.25%~4.50%처럼 정책금리를 목표범위target range로 관리한다. 미국은 금융시장 규모가 크고 방대하기 때문에 단일금리로 맞추기가 어렵고, 금융시장의 일시적 자금 수급불균형이 발생하더라도 대응에 유연성을 확보하기 위해서 목표범위로 관리를 하고 있다.

| 그림 3-14 · 미국 기준금리 추이 |

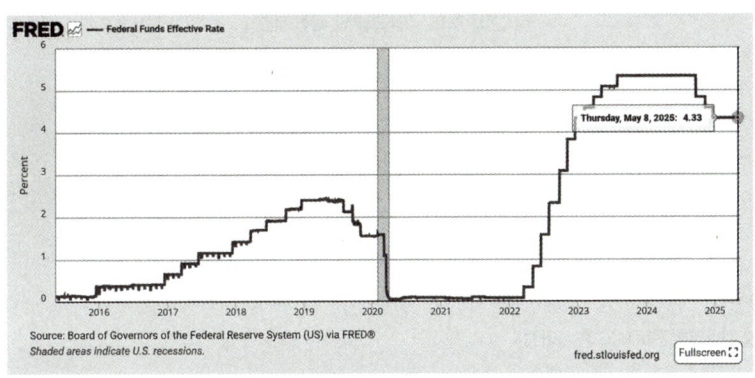

출처 : FRED

그림 3-14는 10년간의 미국 기준금리 추이를 나타낸다. 미국의 기준금리는 Federal Funds Rate(연방기금이자율)이라고 부른다. 미국은 코로나 시기 경기 둔화를 막기 위해 제로금리에 가깝게 금리를 낮췄고, 이후 물가가 급격하게 상승하자 기준금리를 5%이상까지 빠르게 인상했다. 현재는 물가 상승압력이 둔화되고, 트럼프 대통

령의 관세정책으로 경기 불확실성이 확대되자 기준금리를 인하는 기조로 바뀌었다.

　미국의 기준금리 향방은 글로벌 경기에 가장 중요한 요소 중의 하나이다. 연준은 경제지표와 금리 등 관련된 금융 데이터를 투명하게 공개하여 금리 변동의 충격을 최소화하기 위해 노력하고 있다.

　https://www.federalreserve.gov/의 사이트에서 미국의 다양한 금융 데이터를 확인해 볼 수 있다. 그림 3-15는 연준 홈페이지에 나타나는 미국 경제의 핵심지표를 나타낸다.

| 그림 3-15 · 미국경제 핵심지표 |

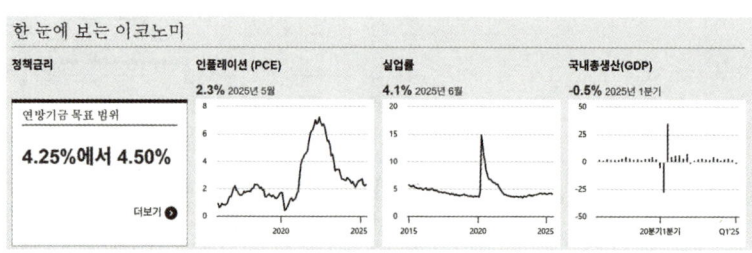

출처 : 연방준비제도 홈페이지

　연준은 우리나라 중앙은행과 마찬가지로 물가상승률^{PCE inflation}과 경제성장률^{GDP}을 중요하게 보는데, 실업률^{Unemployment rate}도 중요한 지표로 여긴다. 실제 미국 중앙은행은 물가 안정과 지속 가능한 고용 극대화 두 가지를 목표로 삼는다. FOMC는 개인소비지출^{PCE}의 연간 변동률로 측정되는 인플레이션율이 장기적으로 2%를 유지하고, 고용시장에 대한 명시적인 목표를 제시하지는 않지만 장기적인 실업률 추정치를 안정적으로 관리할 수 있도록 통화정책을 실행한다. 인플레이션과 고용지표들에 자세한 설명은 추후에 자세하게 다룰 예정이다.

> ✅ **잭슨홀 미팅** Jackson Hole Meeting　　　　　　　　CHECK
>
> 1978년부터 매년 8월말 미국 와이오밍주 휴양지인 잭슨홀에서 캔자스시티 연방준비은행의 주도로 개최되는 미국의 경제, 통화 정책분야 고위 당국자 회동이다. 미국 연준 인사들뿐만 아니라 전세계 중앙은행장과 경제학자들이 모여 향후 글로벌 통화정책, 경제 전반에 대한 논의를 진행한다.
> 지금은 이 회동에서 연준 의장이 어떤 메시지를 내느냐에 따라 미국의 통화 정책 방향도 예상해 볼 수 있지만, 처음에는 연준 의장의 참석이 없는 회동이었다. 장소도 원래 미주리주 캔자스시티에서 열렸는데, 1982년부터 잭슨홀로 바뀌게 된 이유도, 낚시를 좋아했던 당시 연준의장 폴 볼커를 참석시키기 위해 송어 낚시로 유명한 호수가 있는 잭슨홀로 변경했다는 이야기가 있다. 영화 '흐르는 강물처럼'에서 브래드 피트가 송어낚시를 하던 곳이다.
> 당시 폴 볼커는 1980년 14.6%였던 인플레이션 억제를 위해 기준금리를 22%까지 인상하였지만 주식시장이 폭락했다. 경기 침체로 중소기업의 40%가 망하고, 실업률은 10%를 넘었으나 1981년부터 금리인상 효과가 나타나면서 미국으로 자금이 유입, 인플레이션이 4%대까지 하락했다. 이런 시기에 폴 볼커를 잭슨홀 미팅에 초대해 흥행에 성공했고, 지금까지 성황리에 개최되고 있다.

CHAPTER 4

채권의 기본 개념 알아보기

이제 본격적으로 채권이란 무엇인지 살펴볼 것이다. 채권의 개념과 종류, 채권 가격 계산을 위한 용어들, 이자지급 방식에 따른 채권 분류, 채권 가격의 특징에 대해 이해해보자. 채권 가격을 계산하는 방법은 화폐의 현재가치를 구하는 방법과 동일한데, 복리채와 할인채, 이표채의 경우가 각각 다르다. 다소 어렵게 보이는 계산식이 나와도 당황하지 말고, 이렇게 계산되는구나 눈으로 훑으면 된다.

01 채권의 개념과 종류

　채권은 돈을 빌리거나 빌려주는 사람 간의 계약을 사고 팔 수 있도록 금융상품화한 것이다. 은행의 대출도 자금을 대여하는 상품이지만 사고팔 수 있는 금융상품은 아니다. 자금을 필요로 하는 곳은 신용도가 높은 정부, 공기업, 금융기관, 기업들로 증권의 형태로 만들어 불특정 다수에게 돈을 빌릴 수 있도록 만들었다. 채권은 이런 채무들에 대한 증서로써 투자자들은 채권시장을 통해서 쉽게 사고 팔 수 있다.

　돈을 빌린 사람은 일정 시점에 돈을 갚아야 하는 의무가 있기 때문에 채무자라고 하고, 돈을 빌려준 사람은 일정 시점 뒤에 돈을 받을 권리가 있기 때문에 채권자라고 한다. 채권시장에서 채무자는 채권 발행자라고 부른다.

| 그림 4-1 · 채권의 거래 |

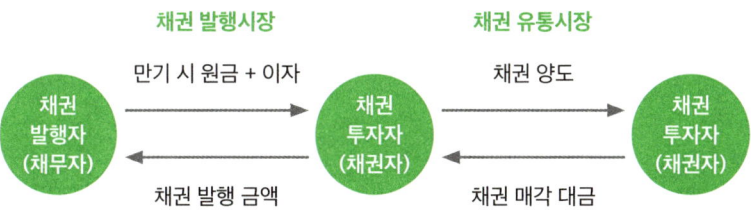

채권시장은 최초에 발행이 일어나는 곳인 발행시장과 이미 발행된 채권을 사고파는 유통시장으로 나뉜다. 채권투자자는 발행시장에서 처음 채권을 매수하고 만기까지 보유할 수도 있지만 중간에 현금이 필요한 경우 유통시장에서 매도를 통해 빠르게 현금화할 수 있다.

현대적 관점의 채권이 최초로 발행된 것은 12세기 베네치아에서 5%의 이율로 전쟁채권을 발행한 것이다. 당시 베네치아는 유럽의 최강대국으로 무역거래를 통한 신뢰도를 바탕으로 국채 발행에 성공했다. 이후 유럽의 국가들은 전쟁에 필요한 자금을 조달할 목적으로 국채 발행이 늘어나기 시작했다.

우리나라는 1949년에 국채를 최초로 발행했고, 1960년대 들어서서 국채와 공사채들이 본격적으로 발행되기 시작했다. 민간 기업이 처음으로 채권을 발행한 곳은 1969년 포항제철이었다. 현재 우리나라는 400여 개가 넘는 기업들이 채권을 발행하고 있고, 국채, 지방채, 공사채, 은행채, 회사채 등 전체 발행잔액(2025년 1분기 기준)은

3,324조 원에 이른다. 발행 주체에 따른 채권의 종류에 대해 자세히 살펴보자.

국채

채권은 발행자의 신용도에 따라 금리가 달라진다. 신용도가 높을수록 채무불이행 위험이 낮아지고, 그만큼 위험이 낮아지므로 금리도 낮아진다. 우리나라는 발행자의 채무불이행 가능성에 따라 등급을 나누는데 이를 신용등급이라고 한다. 우리나라에서 가장 신용등급이 높은 발행자는 국가이다. 국가에서 발행하는 채권이므로 국채Government Bond라고 부르고, 무위험risk-free등급 채권이다. 그래서 따로 신용등급을 표기하지는 않는다.

국채는 공공목적에 필요한 정부 지출이 필요할 때 부족한 자금을 조달하기 위해서 발행한다. 국채는 한국은행의 통화정책 대상으로 기준금리 조정을 통해 국채수익률에 영향을 준다. 일반적으로 우리나라 국채는 국고채권, 외국환평형기금채권, 국민주택채권, 재정증권 네 종류로 나뉜다.

① **국고채권** : 기본적인 재정정책을 수행하기 위해 발행되는 채권으로 국내 기관투자자들이 주로 투자하는 채권이다.

② **외국환평형기금채권** : 글로벌 금융시장에서 외화 표시로 발행되는 국채를 말한다. 달러 표시로 국채를 발행하게 되면 국내로 달러를 조달하는 효과가 있다. 줄여서 '외평채'라고도 부른다.

③ **국민주택채권** : 정부가 국민주택사업에 필요한 자금을 조달하기 위해 발행하는 국채로 주택도시기금조성의 주요 재원으로 활용된다. 면허/허가/인가/등기/등록을 신청하거나 정부기관과 건설공사 도급계약을 체결하기 위해서 매입하는 채권이다. 부동산이나 자동차를 매매해본 사람이면 한 번쯤 봤을 채권이다.

④ **재정증권** : 국고자금이 일시적으로 부족할 경우 보충하기 위해 발행되는 채권으로 1년 미만의 만기를 가진다. 이자가 없는 할인채로 발행된다. 할인채에 대해서는 뒤에 다시 설명하겠다.

보통 국채라고 하면 국고채권을 의미한다. 우리나라 국채는 3년, 5년, 10년, 20년, 50년 만기로 발행된다.

그림 4-2는 실물증서로 발행된 제2종국민주택채권이다. 1999년 4월 30일에 20년 만기로 발행된 국채로 2019년 4월 30일에 상환되면서 용지로 된 국채는 모두 사라졌다. 지금은 채권 실물을 발행하지 않고, 한국예탁결제원에서 전자적인 방식으로 발행하여 관리하고 있다.

| 그림 4-2 · 제2종국민주택채권 실물 |

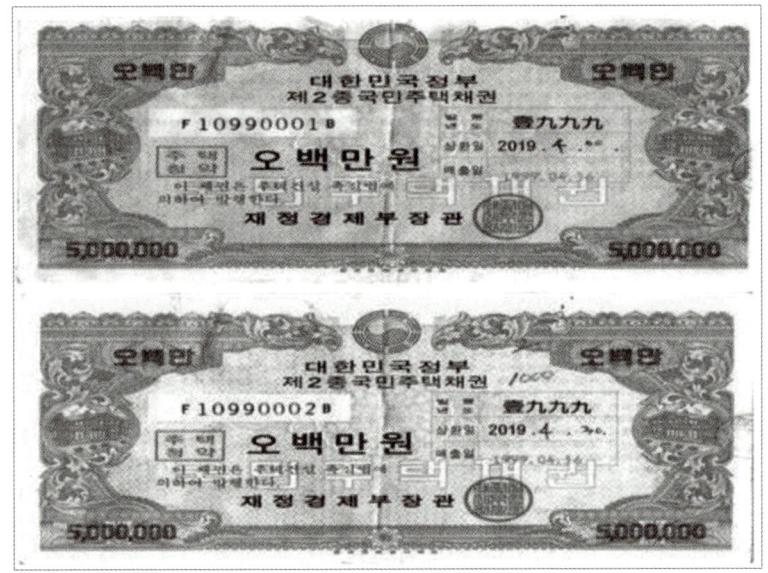

출처 : 예탁결제원

지방채

지방채Municipal bond는 지방자치단체가 해당 지역의 인프라 구축과 공공서비스를 제공하기 위해 필요한 자금을 조달할 목적으로 발행하는 채권이다. 지방공공단체나 그에 속하는 공단이 발행하는 채권으로 중앙정부 또는 의회의 승인에 의해 발행된다. 승인 후에 중앙정부는 지방채에 대해 재정적으로 지원할 수 있다. 지방채는 국채에 비해서 안정성은 다소 떨어지지만, 우리나라의 경우 지방정부가 중앙정부와 완전히 독립되어 있지 않고 재정적인 지원이 이루어지므로 신용도는 매우 높은 편이다. 다만, 투자 후 유동성 확보를 위해 매각할 경우 거래량이 적어서 팔기가 어렵다. 경기지역개발채권, 서울도시철도공채 등이 있다.

지방채는 높은 신용도로 상환에 문제가 있었던 적은 없었다. 다만 2010년 성남시에서 지방자치단체에서는 처음으로 채무 지급유예(모라토리엄)를 선언했던 적이 있다. 이때도 성남시가 발행했던 지방채에 대한 지불 유예는 아니었고, 정부기관인 국토해양부와 공기업인 LH공사에 지급해야 할 채무를 만기에 상환하지 않고 유예했다. 지방채권의 문제는 아니었지만 지방정부의 신용도에 우려를 갖게 했던 사례였다.

공사채(특수채)

공사채 혹은 특수채는 공공단체나 공기업 등 특별법에 의하여 설립된 특별법인이 발행하는 채권을 말한다. 공기업이 발행해서 공사채라고도 하고, 특별법에 의해 설립된 특별법인이 발행한다고 해서 특수채라고도 한다. 한국전력공사, 예금보험공사, 한국토지공사 등 공기업이나 산업은행채권, 중소기업은행채권 등 특수은행들이 발행하는 채권이다. 공적 기능을 담당하는 공기업의 특성상, 정부에서 실질적인 보증을 해주는 채권으로 신용도가 높다. 공기업은 인프라 투자가 많은 편이고, 투자기간이 길기 때문에 공사채 역시 발행 만기가 10년 이상으로 많이 발행한다. 국채와 지방채보다는 금리가 다소 높고, 발행금액이 많아 유통시장에서 활발하게 거래된다.

| 표 4-1 · 공사채 발행기관과 발행목적 |

발행기관	발행목적	채권
한국전력공사	전력망 구축 및 발전 설비 투자	한전채
한국도로공사	고속도로 건설 및 유지	도공채
한국주택금융공사(HF)	주택금융 공급(보금자리론, 적격대출)	주금공채, MBS
한국자산관리공사(KAMCO)	부실자산 정리 및 공적자금 회수	캠코채
한국장학재단	학자금 대출 재원 조달	장학채
한국농어촌공사	농업 기반시설 확충 및 정비	농어촌공사채
한국토지주택공사(LH)	공공주택 건설 및 토지 개발	LH채권
한국산업은행(KDB)	산업 지원 및 구조조정 자금 조달	산은채
중소기업은행(IBK)	중소기업 자금지원	기업은행채
수출입은행(KEXIM)	해외수출입 금융지원	수은채
예금보험공사	예금자 보호기금 조성	예보채
신용보증기금	신용보증 재원 조달	신보채
기술보증기금	기술보증 재원 조달	기보채

은행채(금융채)

　은행채는 금융채라고도 하는데, 은행들이 대출 재원을 마련하거나 일시적인 자금의 필요에 따라서 발행하는 채권이다. 보통 은행채는 공사채보다는 만기가 다소 짧은 1~5년짜리로 발행된다. 은행은 국민경제에서 차지하는 비중이 크기 때문에 정부의 관리 감독하에 재무 건전성을 유지하기 위해 노력한다. 따라서 채무불이행 가능성이 크지 않고 신용등급이 높다. 특히 시중은행은 우리나라 신용등급 중 최고 등급인 AAA등급을 가진다. 은행채는 크게 특수은행채(산업, 중소기업, 농협)와 시중은행채(국민, 신한, 하나, 우리), 지방은행채(부산, 대구, 전북 등)로 나뉜다. 신용도는 정부 보증 가능성이 있

| 표 4-2 · 금융채 발행기관 및 신용등급 |

은행명	구분	신용등급	은행명	구분	신용등급
한국산업은행	특수은행	AAA	SC제일은행	시중은행	AAA
수출입은행	특수은행	AAA	부산은행	지방은행	AAA
중소기업은행	특수은행	AAA	대구은행(IM)	지방은행	AAA
KB국민은행	시중은행	AAA	경남은행	지방은행	AA+
신한은행	시중은행	AAA	광주은행	지방은행	AA+
하나은행	시중은행	AAA	전북은행	지방은행	AA+
우리은행	시중은행	AAA	제주은행	지방은행	AA+

는 특수은행채가 가장 높고 시중은행, 지방은행 순이다. 은행채 금리는 은행의 대출금리의 기준이 된다. 신용등급이 높고, 발행량도 많아 유통시장에서 활발하게 거래되고 채권형 펀드나 MMF 등에서 적극적으로 편입한다.

기타금융채

기타금융채란 은행이 아닌 금융기관이 발행한 채권을 말한다.

| 표 4-3 · 기타금융채 발행기관 및 신용등급 |

회사명	신용등급	회사명	신용등급
신한카드	AA+	미래에셋증권	AA
현대카드	AA+	NH투자증권	AA+
KB국민카드	AA+	한국투자증권	AA
하나카드	AA	KB증권	AA+
롯데카드	AA-	삼성증권	AA+
신한캐피탈	AA-	신한투자증권	AA
한국투자캐피탈	A	하나증권	AA
하나캐피탈	AA-	메리츠증권	AA
미래에셋캐피탈	AA-	교보증권	AA-
한국캐피탈	A	한화증권	AA-

카드사, 캐피탈사, 보험사, 증권사가 발행한 채권이 기타금융채로 분류된다. 모두 금융감독원에 규제를 받으며 엄격하게 관리되고 있어 신용등급이 높은 편이다.

일반 회사채

회사채Corporate Bond는 일반 기업들이 필요한 자금을 조달하기 위해 발행하는 채권이다. 사실상 국채를 제외하고, 앞에서 설명한 공사채, 금융채, 기타금융채들도 모두 회사채에 속한다. 각 기업별로 다양한 신용등급을 가지는데, 대체로 신용등급이 높을수록 금리가 낮아진다. 회사채는 국채와 달리 **채무불이행**Default(부도) 가능성이 있어 투자에 신중해야 한다. 채무불이행이란 채권 발행자가 이자지급 또는 원금 상환 약속을 이행하지 못하는 경우를 말한다.

채권을 투자할 때 가장 큰 리스크가 바로 디폴트 리스크다. 채권 투자는 주식과 달리 투자 수익률이 낮은 대신 리스크도 낮다고 알려져 있다. 채권의 위험은 신용등급이 낮을수록 높아져서 위험이 어느 임계점에 다다르면 원금을 모두 날리는 디폴트 리스크에 도달한다. 단, 위험이 높은 만큼 금리는 높아질 것이다. 따라서 채권은 이 위험에 대한 임계점을 잘 파악해야 하는데, 임계점을 분석하여 명시적으로 나타내 주는 것이 신용등급이다.

| 표 4-4 · 회사채 발행기관과 신용등급 |

회사명	신용등급	회사명	신용등급
SK텔레콤	AAA	삼척블루파워	A+
현대차	AAA	LS	A+
삼성물산	AA+	E1	A+
LG화학	AA+	LX하우시스	A+
GS칼텍스	AA+	세아창원특수강	A+
포스코	AA+	SK스페셜티	A
SK	AA+	LG디스플레이	A
LG유플러스	AA	대한항공	A
LG전자	AA	대우건설	A
SK브로드밴드	AA	에이치엘홀딩스	A
SK에너지	AA	CJ씨지브이	A-
GS리테일	AA	한화호텔앤리조트	A-
포스코인터내셔널	AA-	삼성중공업	BBB+
한화에어로스페이스	AA-	한화오션	BBB+
LS일렉트릭	AA-	두산에너빌러티	BBB+
한화시스템	AA-	중앙일보	BBB
현대건설	AA-	한화엔진	BBB-

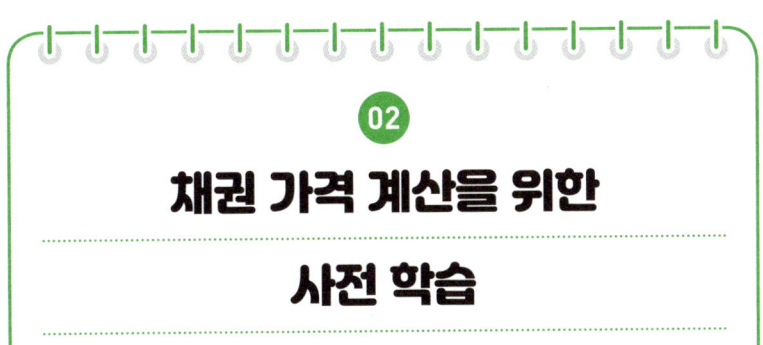

채권 가격 계산을 위한 필수 용어

① 채권의 원금 Face Value, Par Value

채권에 투자를 할 때 발행자에게 빌려주는 기본금액을 말한다. 보통 만기일에 상환이 되고, 이자를 계산할 때 기준이 되는 금액이다. 채권 가격을 계산할 때는 보통 10,000원을 기준으로 계산한다.

② 이표 Coupon

채권 보유자에게 주기적으로 지급되는 이자를 의미한다. 연 5% 이표채라고 하면 매년 연 5% 이자를 지급한다는 의미이다. 이표의 종류는 다음과 같다.

- 고정이표 채권 : 일정한 금리로 정기 지급
- 변동이표 채권 : 기준이 되는 금리에 따라 변동
- 제로쿠폰Zero-Coupon 채권 : 발행일과 만기까지 이자는 없고, 발행시점에 선이자를 떼고 발행. 다른 말로 할인채

채권을 처음 접하는 사람들은 이표율과 시장금리를 혼동하는 경우가 종종 있다. 이표율은 채권을 발행할 때 미리 정해지는 값이고, 채권의 가격인 금리는 시장상황에 따라 변동되는 값이다.

③ 만기 Maturity

채권 계약이 종료되고 원금이 상환되는 날을 말한다. 같은 신용등급을 가진 채권이라면 만기가 길수록 금리도 높아진다. 상환까지 기간이 길어질수록 위험이 커지는 대신 얻는 이익도 커진다고 생각하면 된다.

- 단기채 : 1년 이하 (기업어음, CP)
- 중기채권 : 1~5년
- 장기채권 : 5년 이상

이자지급 방식에 따른 채권의 분류

① 이표채 Coupon Bond

회사채에서 가장 일반적인 형태의 채권이다. 사전에 정해진 이자율(이표, 쿠폰율)에 따라 정기적으로 이자를 지급하고 만기에 원금을 상환한다. 보통 월, 분기, 반기, 연간으로 이자를 지급하는데, 회사채는 보통 분기마다 이표를 지급하는 경우가 많다. 이표채는 일정기간 안정적인 현금흐름이 발생하므로 계획적인 현금유입이 필요한 경우 투자하기 적합하다.

그림 4-3은 이표채의 현금흐름을 도식화한 것이다. 채권 발행 조건은 다음과 같다.

발행일	2022-12-31
만기일	2024-12-31(2년)
이표율	연 5%
이자지급기간	3개월

| 그림 4-3 · 이표채 현금흐름 |

2022 12.31	2023 03.31	2023 06.30	2023 09.30	2023 12.31	2024 03.31	2024 06.30	2024 09.30	2024 12.31
투자금액 -10,000	125	125	125	125	125	125	125	125 원금 +10,000

발행 시점에 투자자 입장에서 현금 유출의 의미로 -10,000원으로 표기했다. 만기에는 상환받으므로 +10,000원으로 표시했다.

이자지급주기가 3개월이므로 매 분기마다 이자가 현금으로 지급된다. 이표율은 연간 5%를 지급하므로 분기에는 5%의 3/12만큼만 지급된다. 이를 수식으로 계산하면 다음과 같다.

$$\text{이자지급금액(원)} = \text{원금} \times \text{이표율} \times \frac{\text{이자지급기간}}{12}$$
$$= 10,000 \times 0.05 \times \frac{3}{12}$$
$$= 125$$

매분기 125원씩 이자가 발생하고 만기가 되는 2년 뒤 시점에 이자와 원금이 함께 지급된다.

② **할인채** Discount Bond

할인채는 이표채와 달리 발행부터 만기까지 이자를 지급하지 않는다. 다만 발행하는 시점에 이자에 해당하는 금액을 미리 받고, 만기에는 원금만 상환한다. 흔히 선이자를 뗀다고 하는데 할인채와 동일한 말이다. 이자율은 발행 당시의 시장 상황에 따라 결정된다. 다음 장에서 구체적으로 계산해보면 쉽게 이해가 될 것이다. 여기서는 간단하게 현금흐름만 확인하자. 이자가 마이너스가 아니라면 채권 가격은 원금보다 낮다. 원금에서 할인되어 투자된다는 의미에서 할인채라고 부른다.

원금 10,000원이고, 당시 계산된 채권의 가격이 9,700이라면 현금흐름은 그림 4-4와 같다.

| 그림 4-4 · 할인채 현금흐름 |

할인채는 보통 1년이내의 단기채를 발행할 때 적용한다. 만기가 짧으므로 기간 경과에 따라 이자를 지급하기 번거롭기 때문이다. 기업들은 1년 이내 조달하는 단기채권을 기업어음CP: Commercial Paper 이라는 형태로 발행을 한다. 기업어음은 일반 회사채보다 발행절차가 간소하여 필요한 시점에 자금 조달을 빠르게 할 수 있는 장점이 있다. 투자자 입장에서 엄밀하게 살펴보면 기업어음과 회사채는 형태가 좀 다르지만 여기서는 동일하게 봐도 무방하다.

✅ **CP란?**　　　　　　　　　　　　　　　　　CHECK

기업어음CP: Commercial Paper이란 기업이 단기에 자금을 조달하기 위해 발행하는 어음형태의 단기채권을 말한다. 어음은 일종의 외상증서라고 할 수 있고, 발행하는 방법이 간단하다. 특정 시점에 어느 은행, 어느 지점에 약속된 금액을 지급하겠다고 증서 형태로 작성하면 발행이 된다. 일반 회사채를 발행하기 위해서는 감독원에 신고를 해야 하는데 다소 시간이 걸린다. 신용도가 우량한 기업의 경우 만기가 짧고 리스크가 크지 않으므로 신고절차 없이 빠르게 발행할 수 있는 CP(기업어음)를 선호한다. 다만 투자자들이 거래할 때 다소 불편한 점은 CP는 발행할 때 권종(액면)이 정해지는데, 매매는 항상 권종금액으로만 해야 한다. 만약 1억 원짜리 CP로 발행되면 일부만 매도할 수 없고, 1억 원 전부를 매매해야 한다. 그리고 일반채권은 전자적인 방법으로 발행되어 실물이 없지만 CP는 여전히 실물로 발행이 된다. 그래서 드물지만 분실되는 경우가 발생한다.

이런 단점을 보완하기 위해 2013년부터 전자단기사채(전단채)라는 채권이 도입되었다. CP와 동일하게 1년 이내 단기로 발행이 되고, 할인채로 발행된다. 다만 이름처럼 전자로 발행되고 실물로 발행되지 않는다. 최저 발행금액이 1억 원이지만 권종으로 거래되지 않고, 일부만 매도도 가능하다.

③ 복리채 Compound Bond

흔히 '복리의 마법'이라는 말을 들어보았을 것이다. 이때 말하는 그 복리방식으로 발행된 채권이 복리채이다. 복리는 지급되는 이자를 받지 않고, 재투자하여 한 번 더 이자를 받는다는 의미이다. '이자를 중복해서 받는다 혹은 이자의 이자를 받는다'라는 뜻이 된다. 따라서 복리채의 현금흐름은 발행일에서 만기까지 기간 중에 발생하지 않고, 만기 시에 이자와 원금이 모두 지급된다. 복리에 대해서는 Chepter 2에서 단리와 복리에 대해 비교하면서 설명하였다. 다시 한번 비슷한 예를 살펴보자.

발행일	2022-12-31
만기일	2025-12-31(3년)
이표율	연 5%
이자지급기간	1년(12개월)
이자지급방식	복리

| 그림 4-5 · 복리채 현금흐름 |

	2022 12.31	2023 12.31	2024 12.31	2025 12.31	합계
	투자금액 -10,000				
1년 뒤 이자		500	25	26.25	551.25
2년 뒤 이자			500	25	525
3년 뒤 이자				500	500
이자 합계					1,576
원금 + 이자		500	525	551.25	**+11,576.25**

복리채는 이표채와 달리 만기 전에는 이자가 지급되지 않는다. 따라서 중간에 현금흐름이 없다. 그림 4-5에서 음영으로 표시된 부분은 계산의 편의를 위해 임의로 넣어둔 숫자이고 실제 현금 유입은 없다. 하지만 이자 계산은 연복리로 계산되므로 매년 발생한 것으로 가정하고, 그 이자에 다시 이자를 계산하여 계속 누적한다. 실제 현금흐름은 만기에 원금과 이자가 한꺼번에 발생된다. 그림 4-5에서 박스로 테두리 쳐진 부분의 금액이 만기에 받는 금액이다. 이

처럼 복리채는 이자에 이자가 더해져 이자수익이 커진다. 채권투자를 위해서 가장 좋을 것 같지만, 복리채는 흔하지 않다. 대표적인 복리채는 서울도시철도공채로 이자지급이 복5단2로 지급된다. 복5단2는 서울도시철도공채는 만기가 7년인데, 초기 5년간은 복리로 이자를 계산하고, 이후 2년은 단리로 계산된다는 의미이다. 7년동안 채권을 보유하되, 만기에만 현금유입이 발생한다.

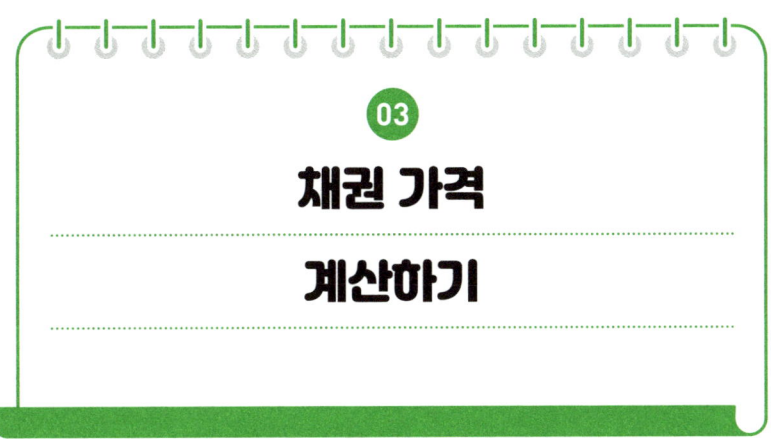

채권 가격을 계산하기 전에 앞장에서 배웠던 화폐의 시간가치에 대한 내용을 다시 정리해보자.

미래가치 = 현재가치 × (1 + 금리)^{만기}

수식으로 나타내면 다음과 같다.

$$FV = PV \times (1 + r)^n \quad \cdots\cdots\cdots\cdots\cdots\cdots 식 ①$$

식(1)을 현재가치로 정리하면 다음의 식(2)를 얻을 수 있다.

$$PV = \frac{FV}{(1+r)^n} \quad \text{······················· 식 ②}$$

위의 식을 이용해서 예금의 미래가치를 계산해보자.

만기가 3년이고, 금리가 3%인 예금의 미래가치를 수식에 넣어서 계산하면 10,927원이 된다.

$$FV = 10,000 \times (1 + 0.03)^3 = 10,927$$

미래가치를 계산했는데 이 방식은 앞에서 배웠던 복리의 방식으로 계산했다.

단리로 계산하게 되면 수식이 좀 더 단순해진다.

$$FV = 10,000 \times (1 + 0.03 \times 3) = 10,900$$

역시 단리보다 복리의 미래가치가 더 높다.

3년 후 1만 원의 가치는 현재 얼마인지 계산해 보자. 금리는 3%로 할인한다고 가정하자.

현재가치를 구할 때 분자인 원금을 분모인 금리로 나누는 것을 '할인한다'라고 표현한다. 수식에 대입을 해보면, 9,151원이 된다.

$$PV = \frac{FV}{(1+r)^n} = \frac{10{,}000}{(1+0.03)^3} = 9{,}151원$$

채권 가격을 계산하는 방법은 화폐의 현재가치를 구하는 방법과 동일하다.

채권 가격을 계산한다고 하면 언제의 채권 가격을 의미할까? 발행일에 채권의 가격일 수도 있고, 발행 후 만기 이전에 거래되는 채권 가격일 수도 있다. 앞에서 발행 후 만기 이전의 채권들이 거래되는 시장을 유통시장이라고 했는데, 유통시장에서 거래되는 채권의 가격을 결정하는 것은 당시의 시장금리다.

㈜SK의 회사채가 있다고 해보자. 신용등급은 AA+이고, 2년 만기를 가진다. 시장에서는 ㈜SK 회사채가 실제 거래가 되지 않더라도 이 채권과 비슷한 만기와 신용도를 가진 채권들이 시장금리로 유통시장에서 거래된다. 유통시장에서 거래가 끝이 나면, ㈜SK의 채권과 유사한 신용등급, 만기를 가진 채권들의 거래를 참고하여 채권평가사라는 곳에서 민평금리를 결정해서 발표한다. 민평금리는 주식의 종가와 같은 의미이다.

채권이 발행될 때 나타나는 표면이자율과 시장이자율(민평금리)은 다른 개념이다. 채권 가격 계산을 하려면 두 이자율의 차이를 명확히 구분해야 한다.

① **복리채 가격 계산하기**

다음의 복리채가 있다고 해보자.

원금	10,000
매수금리	4.50%
매매일	2023-01-15
발행일	2023-01-15
만기일	2026-01-15
표면이자율	3%
원리금 지급방법	연 복리, 만기일시상환

표면이자를 연단위 복리로 계산하면 이 채권의 미래 가치를 얻을 수 있다.

$$\text{복리채 미래가치} = 10{,}000 \times (1 + 0.03)^3 = 10{,}927$$
(채권 가격 계산 시 관행적으로 원미만 소수점은 버린다)

복리채의 미래가치는 만기에 상환하는 금액과 동일하다.

발행일에 10,000원을 투자해 3년 뒤에 10,927원을 얻을 수 있는 채권을 시장금리 4.5%로 할인해서 매입을 했다면, 이때 매입가격은 얼마일까? 채권 가격은 미래 현금흐름의 현재가치와 동일하므로 복리채의 미래가치인 10,927원을 4.5%로 할인해주면 간단하게 계산된다.

$$PV = \frac{FV}{(1+r)^n} = \frac{10{,}927}{(1+0.045)^3} = 8{,}768원$$

| 그림 4-6 · 복리채 계산 |

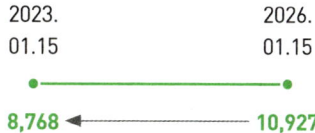

표면금리는 채권의 만기상환금액FV을 계산하는 이자율로 만기까지 변하지 않는다. 그러나 채권을 매매하는 시점의 가격인 시장금리는 매일 변화한다. 시장금리는 미래가치를 나누는 용도로 사용되므로 금리가 높아질수록 채권 가격은 하락한다. 금리가 높아질수록 더 싸게 살수 있다는 말이다. 같은 채권을 시장금리 6%에 매수한다고 해보자.

$$PV = \frac{FV}{(1+r)^n} = \frac{10{,}927}{(1+0.06)^3} = 8{,}165원$$

4.5% 매입했을 경우 8,768원에서 6%로 매입하는 경우 8,165원으로 더 싸진다. 즉, 채권의 가격은 금리가 높을수록 하락하고, 금리가 낮아지면 상승한다. 반비례 관계에 있다. 앞장에서 시소의 예를 기억해보자.

② 할인채 가격 계산하기

다음의 할인채 가격을 계산해 보자. 할인채를 계산할 때는 최초에 발행 시점의 표면이자율은 신경 쓸 필요가 없다. 처음 발행할 때 매수한 투자자가 이미 선이자를 지급받은 상태이다. 만기에는 액면금액인 10,000원을 받기 때문에 복리채 계산 때처럼 미래가치를 계산할 필요가 없다. 우리는 발행 후 잔존만기가 208일 남은 시점에 매수를 한다고 했을 때 매수 금리인 3.5%만 고려하면 된다. 채권 가격을 계산할 때 우리나라는 관례상 잔존만기가 1년 이상으로 남으면 복리로, 일년 이내로 남으면 단리 방식으로 계산한다. 따라서 208일 남은 채권을 할인할 때는 단리 방식을 사용한다.

원금	10,000
매수금리	3.50%
매매일	2011-08-20
발행일	2011-06-16
만기일	2012-03-15
표면이자율	3%
원리금 지급방법	이자 선지급, 만기시 원금상황

| 그림 4-7 · 할인채 가격 계산 |

할인채이므로 만기시점의 미래가치는 원금인 10,000원이다.

$$PV = \frac{FV}{(1 + r \times \frac{잔존만기}{365일})} = \frac{10,000}{(1 + 0.035 \times \frac{208}{365})} = 9,804원$$

단리방식으로 계산할 때는 분모로 쓰는 1년의 일수는 만기인 12.03.15에서 11.03.15까지 실제 일수를 계산해서 적용해야 한다. 엄밀하게 계산하면 365일이 아니라 366일을 넣어야 하지만 계산의 편의를 위해 1년은 365일로 가정한다. 매수금리인 3.5%로 할인한다. 할인채의 가격은 9,804원이다.

③ 이표채 가격 계산하기

이표채는 발행일부터 만기일까지 현금흐름이 지속적으로 발생하기 때문에 계산이 좀 복잡하다. 대부분의 회사채는 이표채이므로 차근차근 계산해보자.

원금	10,000
매수금리	4.00%
매매일	2023-11-09
발행일	2023-01-19
만기일	2026-01-19
표면이자율	3%
이자 지급방법	매년 1년 뒤 지급

| 그림 4-8 · 이표채 가격 계산 1 |

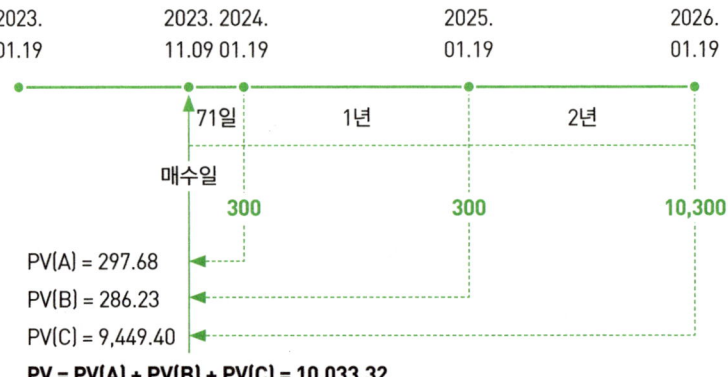

먼저, 이표채의 현금흐름을 계산해 보자. 해당 이표채권은 매년 1년이 지난시점에 이자를 지급한다. 이자지급 금액은 10,000 × 0.03 = 300원이다. 매년 300원의 현금흐름과 만기에 10,300원의 현금흐름이 발생한다.

매수일부터 다음 이자지급일까지 남은 기간이 71일이라고 할 때 첫 번째 현금흐름을 매수일 기준으로 현재가치를 계산하면 다음과 같다. 1년 이내로 남았기 때문에 단리로 할인한다. 당연히 할인하는 금리는 이표금리가 아니고, 매수금리이다.

$$PV(A) = \frac{FV}{(1 + r \times \frac{잔존만기}{365일})} = \frac{300}{(1 + 0.04 \times \frac{71}{365})} = 297.68원$$

두 번째 현금흐름을 보면, 일단 1년 기준으로 할인을 한 번 하고, 71일만큼 다시 할인을 한 번 더 한다고 생각할 수 있다. 먼저 25.01.19 이자금액 300원을 24.01.19일로 할인을 한 번 하고, 그 금액을 다시 71일 단리 방식으로 현재 시점까지 할인하는 방식이다.

$$PV(B) = \frac{FV}{(1+r)^n \times (1 + r \times \frac{잔존만기}{365일})}$$

$$= \frac{300}{(1+0.04)^1 \times (1 + 0.04 \times \frac{71}{365})} = 286.23원$$

세 번째 현금흐름은 2년을 복리기준으로 할인을 하고, 71일만큼 단리로 할인해준다.

$$PV(C) = \frac{FV}{(1+r)^n \times (1 + r \times \frac{잔존만기}{365일})}$$

$$= \frac{10,300}{(1+0.04)^2 \times (1 + 0.04 \times \frac{71}{365})} = 9,449.40원$$

$$PV(채권\ 가격) = PV(A) + PV(B) + PV(C)$$
$$= 297.68 + 286.23 + 9449.40$$
$$= 10,033원(원\ 미만\ 절사)$$

회사채는 대부분 이표채로 발행이 되는데, 3개월 단위로 이자를 지급하는 조건이 많다. 좀 더 복잡하지만 차근차근 계산을 한 번 더 해보자.

원금	10,000
매수금리	2.50%
매매일	2025-04-19
발행일	2024-08-15
만기일	2026-08-15
표면이자율	4%
이자 지급방법	3개월 뒤 지급

| 그림 4-9 · 이표채 가격 계산 2 |

PV = PV(A) + PV(B) + PV(C) + PV(D) + PV(E) + PV(F) = 10,211.63

이번 이표채는 3개월마다 이자를 지급하므로 할인할 때 3개월

(91일)을 1단위로 보고 복리로 할인하고, 91일보다 짧은 기간은 단리로 할인한다.

먼저, 매분기 현금흐름은 10,000 × 0.04 × 3/12 = 100원이 발생한다. 표면이자율 4%는 연간 기준이므로 3개월 기준으로 이자금액을 계산해 준다.

첫 번째 현금흐름은 26일 뒤에 발생한다. 91일 미만이므로 단리방식으로 할인한다. 매수금리 2.5%는 1년 기준이므로 분기 기준으로 환산하여 2.5% × 3/12 을 적용한다.

$$PV(A) = \frac{FV}{(1 + r \times \frac{3}{12} \times \frac{잔존만기}{91})} = \frac{100}{(1 + 0.025 \times \frac{3}{12} \times \frac{26}{91})} = 99.82원$$

$$PV(B) = \frac{FV}{(1 + r \times \frac{3}{12})^n \times (1 + r \times \frac{3}{12} \times \frac{잔존만기}{91일})}$$

$$= \frac{100}{(1 + 0.025 \times \frac{3}{12})^1 \times (1 + 0.025 \times \frac{3}{12} \times \frac{26}{91})} = 98.67원$$

$$PV(C) = \frac{FV}{(1 + r \times \frac{3}{12})^n \times (1 + r \times \frac{3}{12} \times \frac{잔존만기}{91일})}$$

$$= \frac{100}{(1 + 0.025 \times \frac{3}{12})^2 \times (1 + 0.025 \times \frac{3}{12} \times \frac{26}{91})} = 98.06원$$

$$PV(D) = \cfrac{FV}{(1+r\times\cfrac{3}{12})^n \times (1+r\times\cfrac{3}{12}\times\cfrac{\text{잔존만기}}{91\text{일}})}$$

$$= \cfrac{100}{(1+0.025\times\cfrac{3}{12})^3 \times (1+0.025\times\cfrac{3}{12}\times\cfrac{26}{91})} = 97.45원$$

$$PV(E) = \cfrac{FV}{(1+r\times\cfrac{3}{12})^n \times (1+r\times\cfrac{3}{12}\times\cfrac{\text{잔존만기}}{91\text{일}})}$$

$$= \cfrac{100}{(1+0.025\times\cfrac{3}{12})^4 \times (1+0.025\times\cfrac{3}{12}\times\cfrac{26}{91})} = 96.85원$$

$$PV(F) = \cfrac{FV}{(1+r\times\cfrac{3}{12})^n \times (1+r\times\cfrac{3}{12}\times\cfrac{\text{잔존만기}}{91\text{일}})}$$

$$= \cfrac{10,100}{(1+0.025\times\cfrac{3}{12})^5 \times (1+0.025\times\cfrac{3}{12}\times\cfrac{26}{91})} = 9,720.77원$$

$PV(\text{채권 가격}) = PV(A) + PV(B) + PV(C) + PV(D) + PV(E) + PV(F)$

$= 99.82 + 98.67 + 98.06 + 97.45 + 96.85 + 9,720.77$

$= 10,211원(원 미만 절사)$

이표채는 현금흐름이 좀 복잡해서 계산이 어려워 보이지만 잘 살펴보면 반복되는 구간이 있어서 이해하고 나면 그렇게 어렵지 않다.

위 계산을 수학의 식으로 표현하면, 다음과 같다.

$$PV(채권\ 가격) = \sum_{t=1}^{n} \frac{CF_t}{(1+r)^t}$$

☑ 72의 법칙 Rule of 72

"복리는 세계 8대 불가사의다. 이해하는 자는 돈을 벌고, 이해하지 못하는 자는 돈을 지불한다."
알베르트 아인슈타인이 이야기했다는 설이 있는데, 검증되지는 않았다. 워렌 버핏도 자주 언급했다고 하니 복리가 자산을 늘리는데 그만큼 효과적이라는 의미다.
복리로 투자를 하는 경우 자주 언급하는 것이 '72의 법칙'이다.
72의 법칙은 복리의 이율로 투자원금이 2배로 증가하기까지 걸리는 시간을 간단하게 구할 수 있는 방법을 말한다. 예를 들어 10,000원을 연 5%로 투자했을 때, 20,000원이 되는데 걸리는 시간은 72 ÷ 5 = 14.4(년) 이 대략 걸린다. 연 10%로 투자하면 7.2년, 20%로 투자하면 3.6년이면 원금의 두배가 된다는 의미이다. 정확한 공식은 아니고 대략적으로 빠르게 계산할 수 있는 방법이다. 복리로 투자하기 위해서는 채권이든 주식이든 꾸준하게 투자를 해야 한다. 5%짜리 채권을 만기가 되더라도 꾸준히 재투자를 해야 하고, 중간중간 발생하는 현금흐름이 있을 경우도 쉬지 않고 재투자하도록 노력해야 한다. 처음에는 적은 금액이지만 시간이 갈수록 원금에서 이자가 눈덩이처럼 커지는 효과를 볼 수 있다. 스노우볼 Snow Ball 효과라고 부른다.
표 4-5는 원금이 1,000,000원일 때, 연 복리 수익률과 투자기간에 따른 수익금을 나타낸다. 같은 수익률이라도 장기로 투자할 경우 기하급수적으로 수익이 늘어나는 것을 확인해 볼 수 있다.

| 표 4-5 · 72의 법칙 예시 |

투자기간	투자수익률					
	5%	10%	20%	30%	40%	50%
1년	1,050,000	1,100,000	1,200,000	1,300,000	1,400,000	1,500,000
3년	1,157,625	1,331,000	1,728,000	2,197,000	2,744,000	3,375,000
5년	1,276,282	1,610,510	2,488,320	3,712,930	5,378,240	7,593,750
10년	1,628,895	2,593,742	6,191,736	13,785,849	28,925,465	57,665,039
15년	2,078,928	4,177,248	15,407,022	51,185,893	155,568,096	437,893,890
20년	2,653,298	6,727,500	38,337,600	190,049,638	836,682,554	3,325,256,730
25년	3,386,355	10,834,706	95,396,217	705,641,001	4,499,879,581	25,251,168,294
30년	4,321,942	17,449,402	237,376,314	2,619,995,644	24,201,432,355	191,751,059,233
40년	7,039,989	45,259,256	1,469,771,568	36,118,864,808	700,037,696,591	11,057,332,320,940
50년	11,467,400	117,390,853	9,100,438,150	497,929,222,979	20,248,916,239,764	637,621,500,214,050
60년	18,679,186	304,481,640	56,347,514,353	6,864,377,172,745	585,709,328,057,094	36,768,468,716,933,000

> 여러가지 자산에 투자를 할 때 수익률은 우리가 마음대로 컨트롤할 수는 없다. 하지만 꾸준히 오랜 기간 투자하는 것은 인내심만 발휘한다면 누구나 가능하다. 짧은 기간의 투자 성과에 일회일비 하지 말고 꾸준하게 나아가자.

채권 가격 계산이 어렵게 느껴진다면 채권의 가격이 이렇게 계산되는구나 하고 다음으로 넘어가자. 몰라도 채권투자에 크게 영향을 주지 않도록 시스템상 계산되어 보여진다.

CHAPTER 5

채권 가격의 특징과 채권투자 전략

채권 가격은 시장이자율에 따라 변동한다. 시장이자율이 오를 때와 내릴 때 채권 가격이 어떻게 변하는지 이해해보자. 투자자라면 누구나 변동성이라는 위험을 두려워한다. 채권에서 변동성의 위험은 듀레이션으로 반영된다. 따라서 채권투자자라면 듀레이션에 대한 이해가 반드시 필요하다. 이 챕터를 읽으면, 채권 수익률에 대한 이론과 전반적 투자전략 그리고 채권의 매매차익, 이자수익, 재투자 수익 등 실제 투자할 때 가장 궁금해하는 수익금도 직접 구할 수 있게 된다.

01 채권 가격은 시장이자율과 반대로 움직인다

채권의 가격은 채권에서 발생되는 현금흐름, 만기, 이자지급 방식, 표면이자율, 시장이자율에 따라서 결정된다. 이 5가지 중에 시장이자율을 제외하고는 모두 채권 발행시점에서 결정되고, 발행일부터 만기까지는 시장이자율에 따라 가격이 변동된다. 반복적으로 이야기하지만 채권의 가격은 곧 시장이자율이다.

위 5가지 조건들이 변화할 때 채권 가격이 어떻게 변화하는지를 미국 프린스턴대학교 경제학 교수였던 말키엘(B.Malkiel)은 '채권 가격의 정리'로 제시했다. 이중에서 우리는 가장 중요한 시장이자율과 채권 가격과의 관계만 살펴보겠다.

다음의 이표채가 있다고 가정하자.

원금	10,000
시장이자율	3.00%
매매일	2023-01-19
발행일	2023-01-19
만기일	2026-01-19
표면이자율	3%
이자 지급방법	매년 1년 뒤 지급

'채권 가격의 정리'의 첫 번째는 바로 이것이다. 채권 가격은 시장이자율과 반대로 움직인다. 채권 가격과 시장이자율 간의 관계를 직접 계산해보면 표 5-1과 같다. 다른 조건이 일정할 때 시장이자율만 1%에서 10%까지 차례로 올렸을 때 채권의 가격은 10,588원에서 7,738원까지 점차 하락한다.

| 표 5-1 · 시장이자율과 채권 가격의 관계 |

시장이자율	1%	2%	3%	4%	5%
채권 가격	10,588	10,288	10,000	9,722	9,455
시장이자율	6%	7%	8%	9%	10%
채권 가격	9,198	8,950	8,711	8,481	7,738

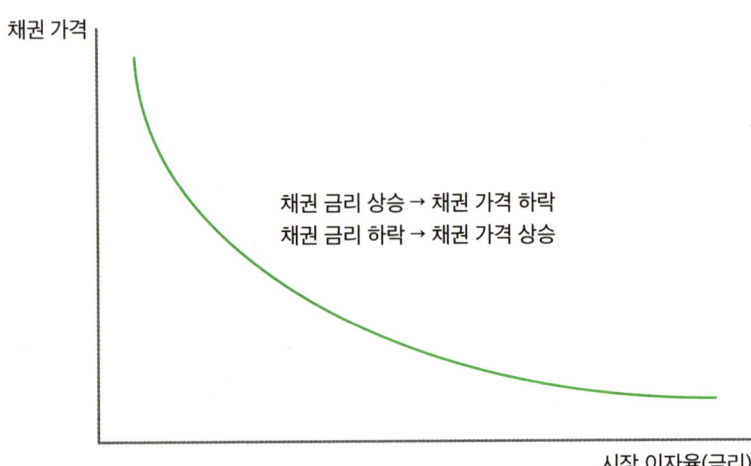

| 그림 5-1 · 시장이자율과 채권 가격의 관계 |

　시장이자율이 올라가면 채권 가격은 하락하고, 시장이자율이 하락하면 채권 가격은 상승한다. 시장이자율이 상승할 때 채권 가격의 하락폭은 금리가 낮을 때는 크지만 금리가 높아질수록 상승폭은 점차 작아지는데 이를 그래프로 나타내면 그림 5-1과 같다. 여기서 우리는 채권 가격은 시장이자율과 반대방향으로 움직인다는 것을 확인할 수 있다.

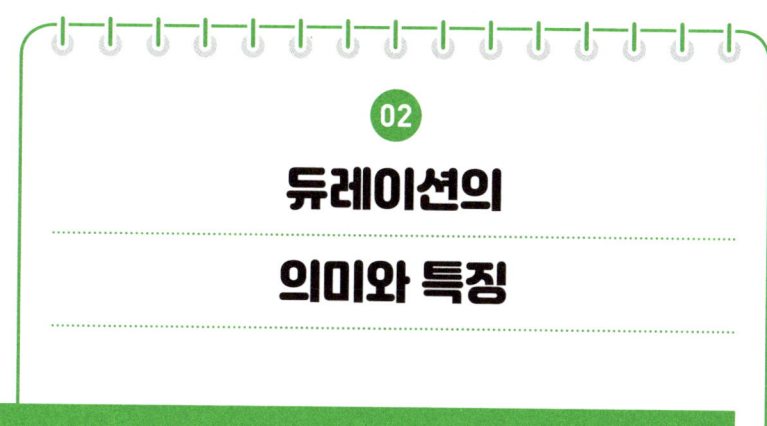

채권을 투자하는데 가장 중요한 지표가 무엇인지 묻는다면 듀레이션(Duration)은 꼭 들어간다. 그만큼 채권투자를 하기위해 꼭 알아야 하는 지표 중 하나이다.

Duration의 사전적인 정의는 '지속되는 기간'인데 채권에서 듀레이션은 투자금의 평균회수기간을 의미한다. 만약 3년 만기의 채권에 투자했을 때 만기일시상환조건의 채권이라면 듀레이션은 3이 된다. 만약 3년 만기의 이표채권에 투자를 하면 듀레이션은 3보다 적어진다. 이표채의 경우 만기전에 이자 지급이 일어나 조금씩 회수가 되기 때문에 평균회수기간은 채권만기 3년보다 짧아진다. 이를 수학적으로 계산한 값이 듀레이션이다. 그런데 이 듀레이션을 계산하고 살펴보니 더 중요한 의미를 발견하게 된다. 듀레이션은 회수기간이기도 하지만 채권 가격 변동성의 크기를 나타내기도 했던 것이다.

주식을 투자할 때 대형주보다 소형주의 가격 변동성이 크다고 한다. 안정적 수익을 선호하는 투자자라면 대형주 위주로 포트폴리오를 구성하고, 공격적인 투자자는 소형주 위주로 포트폴리오를 구성할 것이다. 주식에서의 가격변동성은 과거 몇 년 동안 가격의 변화를 통계적으로 측정해서 얻는다. 채권에서는 이와 유사한 개념이 바로 듀레이션이다. 다만 채권의 가격 변동은 현금흐름, 만기, 이자 지급 방식, 표면이자율에 따라 결정된다. 즉, 투자하고자 하는 채권의 발행조건에서 이미 결정되어 있다. 투자자는 어떤 채권을 투자할지 결정하기 위해 어느정도의 가격 변동성을 감당할 수 있는지를 결정해야 한다. 가격 변동성을 우리는 리스크라 부르고, 채권투자를 할 때 감당해야 할 리스크를 듀레이션을 통해 결정할 수 있다.

앞에서 시장이자율과 채권 가격은 반대로 움직인다고 언급했다. 듀레이션은 이 움직임의 크기를 수학적으로 계산한 것이다. 듀레이션이 클수록 시장이자율 변화에 따른 가격 변동성이 크고, 위험도 크다고 표현한다.

듀레이션은 채권에서 발생하는 현금흐름에 각각 발생하는 기간으로 가중하여 현재가치화를 한 합을 채권의 가격으로 나눈 것으로, 이렇게 계산하면 원금의 가중평균 회수 기간이 계산된다. 수학적으로 좀 복잡할 수 있지만, 수식으로 한번 써보자면 다음과 같다. **수식이 어려운 분들은 그냥 넘어가도 된다.**

$$Duration = \frac{\sum_{t=1}^{n} \frac{t \times CF_t}{(1+r)^t}}{\sum_{t=1}^{n} \frac{CF_t}{(1+r)^t}} = \frac{\sum_{t=1}^{n} \frac{t \times CF_t}{(1+r)^t}}{P}$$

n: 만기까 이자지급 횟수, t: 현금흐름 발생기간, CF_t: 채권에서 발생하는 각 기간의 현금흐름, r: 채권의 만기수익률(시장수익률), P: 채권의 가격

수식은 좀 복합하지만 직접 숫자를 넣어보면 쉽게 이해가 된다. 다음의 이표채를 예를 들어 보자.

원금	10,000
시장이자율	3.00%
매매일	2023-01-19
발행일	2023-01-19
만기일	2026-01-19
표면이자율	3%
이자 지급방법	매년 1년 뒤 지급

위 공식의 분자에 해당하는 부분을 계산해 보자.

$CF_1 = 10{,}000 \times 3\% = 300$: 1년 뒤 지급되는 이자
$CF_2 = 10{,}000 \times 3\% = 300$: 2년 뒤 지급되는 이자
$CF_3 = 10{,}000 + 10{,}000 \times 3\% = 10{,}300$: 3년 뒤 지급되는 원금과 이자

듀레이션 계산을 위해 각 현금흐름에 기간을 곱해주고 시장이자율로 할인한다.

$$\sum_{t=1}^{n} \frac{t \times CF_t}{(1+r)^t} = \frac{1 \times 300}{(1+0.03)^1} + \frac{2 \times 300}{(1+0.03)^2} + \frac{3 \times 10{,}300}{(1+0.03)^3} = 29{,}135 \quad \cdots\cdots\cdots \text{식 ①}$$

분모는 우리가 배웠던 채권의 가격을 나타낸다.

$$P(\text{채권 가격}) = \sum_{t=1}^{n} \frac{CF_t}{(1+r)^t} = \frac{300}{(1+0.03)^1} + \frac{300}{(1+0.03)^2} + \frac{10{,}300}{(1+0.03)^3} = 10{,}000$$
$$\cdots\cdots\cdots \text{식 ②}$$

시장이자율과 표면이자율(이표)이 같으면 채권 가격은 항상 원금인 10,000원이다.

듀레이션은 식(1)을 식(2)로 나누면 되므로,

$$Duration = \frac{29{,}135}{10{,}000} = 2.91$$

표로 정리하면 다음과 같다.

| 표 5-2 · 듀레이션 계산 |

기간(년)	이자지급일	CF	t × CF	현재가치
1	2024-01-19	300	300	291.26
2	2025-01-19	300	600	565.56
3	2026-01-19	10,300	30,900	28,277.88
가중현금흐름(분자)				29,135

기간(년)	이자지급일	CF	현재가치
1	2024-01-19	300	291.26
2	2025-01-19	300	282.78
3	2026-01-19	10,300	9,425.96
채권 가격(분모)			10,000

Duration	2.91

이렇게 계산된 듀레이션을 맥컬리 듀레이션이라고 하는데 채권 가격변동률을 계산하기 위해서는 수정 듀레이션을 이용한다.

$$\text{수정 듀레이션(Modified Drution)} = D_M = \frac{Duration}{(1+r)}$$

듀레이션의 특징을 정리하면 다음과 같다.

① 만기일시상환채권의 듀레이션은 채권의 잔존 만기와 같다.

듀레이션의 정의가 투자금의 평균 회수기간이다. 앞에서도 언급했듯이 중간에 이자 발생이 없기 때문에 평균회수 기간은 만기와 동일하다.

② 이표채는 표면이자율이 낮을수록 듀레이션이 커진다.

듀레이션의 최대값은 잔존만기와 동일하다. 표면이자율이 낮다는 것은 중간에 이자금액이 적어진다는 의미가 되고, 평균회수 기간이 길어진다는 의미도 된다. 따라서 듀레이션도 커진다.

③ 이표채는 만기수익률(시장이자율)이 높을수록 듀레이션은 적어진다.

만기수익률은 현금흐름을 할인하는 값인데, 이 값이 커지면 할인율이 커져 현금흐름의 현재가치가 적어진다. 현재가치의 합도 적어지기 때문에 결과적으로 듀레이션도 적어진다.

④ 이표채의 경우 이자지급기간이 짧을수록 듀레이션은 적어진다.

이 역시 평균회수기간의 개념으로 이해하면 쉽다. 이자지급기간이 짧아질수록 1년에 회수하는 이자가 많아지므로 평균회수기간이 짧아진다. 결과적으로 듀레이션도 짧아진다.

⑤ 만기가 길수록 듀레이션은 커진다.

당연한 말이다. 평균회수기간이 길어지기 때문이다.

03
채권 가격의 변동률은 듀레이션으로 알 수 있다

듀레이션은 우리가 채권에 투자할 때 고려해야할 요소들이 다 반영되어 있다. 이 요소들을 모두 고려해서 하나의 숫자로 표현하고, 간단하게 다른 채권들과 비교 가능하게 해준다. 특히 시장금리 변화에 따른 가격의 변화를 쉽게 계산할 수 있게 해준다.

시장금리의 변동에 따른 채권 가격의 변동률은 다음과 같이 계산할 수 있다. 채권 가격과 금리는 반비례하는 관계이므로 수식에서 듀레이션 앞에 마이너스(-)가 붙는다.

$$\frac{\Delta P}{P} \text{ (채권 가격 변동률, \%)} = -\frac{Duration}{(1+r)} \times \Delta r = -D_M \times \Delta r$$

ΔP: 채권 가격 변화의 크기, P: 채권 가격, Δr: 시장금리 변화의 크기

식을 좀 변형하면 채권 가격의 변화의 크기를 계산할 수 있다.

$$\Delta P(\text{채권 가격 변화}) = -D_M \times \Delta r \times P$$

위 식에 따르면 우리는 시장금리 변화의 크기를 알고, 듀레이션을 알면, 채권 가격의 변동률이나 변화의 크기를 계산할 수 있다. 예를 들어 보자.

앞에서 언급했던 이표채의 듀레이션은 2.91이다. 시장금리가 3%에서 4%로 1.00% 상승했을 때 가격 변동률을 계산해 보자.

$$\frac{\Delta P}{P} = -\frac{Duration}{(1+r)} \times \Delta r = -\frac{2.91}{(1+0.03)} \times (0.01) = -0.0283 = -2.83\%$$

현재 채권 가격이 10,000원이라고 했을 때, 가격의 변화를 계산하면, 282원이 하락한다.

$$\Delta P(\text{채권 가격 변화}) = -D_M \times \Delta r \times P = -\frac{2.91}{(1+0.03)} \times (0.01) \times 10,000 = -282$$

즉, 금리가 1% 상승하면 채권의 가격은 2.83% 하락한다. 가격으로는 282원 하락한다.

듀레이션을 알면 내가 가진 채권이 시장금리 변화에 어떻게 움직이는지를 간단하게 계산할 수 있다.

그런데 듀레이션으로 측정된 가격이 정확한 것은 아니다.

| 표 5-3 · 실제 채권 가격의 변화와 듀레이션을 이용한 채권 가격 변화 |

시장이자율	실제 채권 가격	듀레이션으로 측정한 가격
1%	10,588	10,565
2%	10,288	10,282
3%	10,000	10,000
4%	9,722	9,717
5%	9,455	9,434
6%	9,198	9,151
7%	8,950	8,868
8%	8,711	8,585
9%	8,481	8,302
10%	7,738	8,019

시장금리 3%에서 1%씩 금리를 변화시켰을 때 실제 채권 가격과 듀레이션으로 계산한 가격과 비교를 해보았다. 3%를 기준으로 멀어질수록 실제가격과의 차이가 커진다. 오차가 점점 커지는데 그 이유는 듀레이션이 가진 특성 때문이다.

| 그림 5-2 · 듀레이션과 채권 가격 |

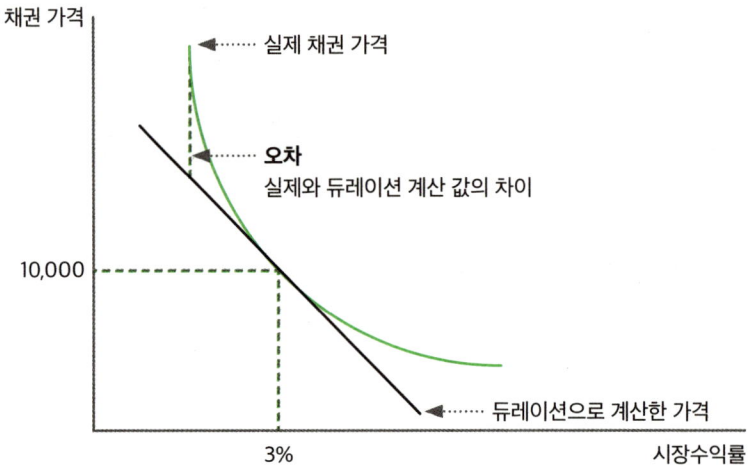

 실제 채권 가격과 듀레이션으로 계산한 가격간의 오차를 보완해주는 지표가 있는데 이를 볼록성Convexity이라고 한다. 볼록성도 수학적으로 계산이 가능하지만 기본상식을 넘어서는 내용이므로 다루지는 않겠다.

주식 투자를 했을 때 수익은 매매차익과 배당금으로 쉽게 계산이 가능하다. 채권을 투자했을 때 수익은 매매차익, 표면이자 수익, 재투자 수익이 있다.

① 매매차익(가격손익)

채권을 매수하고 일정기간 보유 후 매도했을 때 발생하는 가격 차이로 인한 수익을 말한다.

> 매매차익 = 채권매도 금액 - 채권매수 금액

으로 계산한다.

매수시점에 금리보다 매도시점의 금리가 낮으면 이익이 발생하고, 금리가 높으면 손실이 발생한다. 단리채, 복리채, 할인채처럼 현금흐름이 만기에만 발생하는 채권은 매매차익만 발생하고, 표면이자 수익이나 재투자 수익은 고려하지 않아도 된다.

② 표면이자 수익

이표채에 투자하는 경우 채권을 매수하여 매도하는 기간 중에 표면이자를 받게 되는데 이때 발생하는 이자수익을 의미한다.

③ 재투자 수익

채권을 투자한 기간 동안 이자수익이 발생한 경우 이를 다시 투자하면서 얻는 수익이다.

☑ 투자 수익 계산 예시 ✓ CHECK

예시) 잔존기간 3년, 표면이자율 3%, 연단위 지급 조건의 이표채를 9,600원에 매수하고, 만기상환을 받는 경우 투자 수익은 다음과 같다. 재투자 수익은 4%로 가정한다. 이 경우 매매차익, 표면이자 수익, 재투자 수익 그리고 총수익을 구해보자.

① 매매차익

답: 만기상환을 받으므로 매도금액은 10,000원이므로,
매매차익 = 10,000 - 9,600 = 400원

② **표면이자 수익**

답: 표면이자율 3%이므로 매년 300원의 이자가 발생, 잔존 만기 3년이므로 표면이자 수익 = 300 × 3 = 900원

③ **재투자 수익**

답: 재투자 수익은 처음에 발생한 이자 300원은 남은 2년간 4%로 투자를 하고, 두 번째 발생한 이자 300원은 남은 1년간 4%로 투자, 마지막 이자는 만기에 받으므로 재투자 수익이 없다. 따라서

재투자 수익 = $300 \times (1 + 0.04)^2 + 300 \times (1 + 0.04)^1 + 300 - 900$
= 36.48원

위 식에는 표면이자에 대한 수익이 중복해서 계산되었으므로 마지막에 900원을 뺐다.

따라서 총투자 수익은 400 + 900 + 36.48 = 1,336.48원이다

05
채권투자의 기준,
수익률 곡선

채권이 다른 자산(주식 등)에 비해 투자하기가 어려운 이유는 종류가 많아 접근하기가 복잡하기 때문이다. 같은 발행사인데 발행일, 만기, 이자지급 방식이 다르면 다른 종목으로 분류된다. 같은 발행사인데 단기 신용등급과 장기 신용등급도 다르다. 이런 다양한 종목을 투자자들이 비교하여 투자하려면 쉽게 고르기가 어렵다. 이런 다양한 채권의 투자 기준으로 삼을 만한 것이 바로 수익률 곡선 Yield Curve 이다.

수익률 곡선은 동일한 발행사에 의해 발행된 채권의 만기에 따른 금리를 그래프로 나타낸 것이다. 이를 채권 수익률의 기간구조 Term structure of interest rate 라고 한다. 발행사별로 각각의 수익률 곡선이 존재하는데, 이를 등급별로 묶어서 그려낼 수 있다. 가장 대표적인 것이 신용위험이 없는 국채의 수익률 곡선이다. 회사채 수익률 곡선은 이 국채 수익률 곡선과 비교를 통해서 적정한 금리 수준인지 판별할 수 있다.

수익률 곡선은 채권 거래가 이루어지고 난 뒤 채권평가사가 계산한 특정일의 종가(금리)를 기준으로 나타낸다. 주식은 실시간으로 장내시장에서 거래를 통해 종가가 결정되지만 채권은 장외시장에서 개별적으로 거래되고, 종류가 다양하므로 종가를 시장에서 특정할 수가 없다. 그래서 채권은 그날의 거래들을 모아서 채권평가사에서 적정한 종가를 계산해서 발표한다. 종가에 대한 정보는 금융투자협회 채권정보센터(https://www.kofiabond.or.kr/index.html)에서 확인할 수 있다. 해당 페이지에서 채권평가수익률을 클릭해 보자.

| 그림 5-3 · 금융투자협회 채권정보센터 화면 |

| 그림 5-4 · 채권정보센터 채권시가평가수익률 화면 |

기관명에 KIS자산평가를 선택하고 조회를 누르면 그림 5-4처럼 각 발행주체별 만기별 금리 정보를 제공해 준다. 이 자료를 기본으로 투자하고자 하는 채권의 금리수준이 적절한지를 평가해 볼 수 있는데 이 부분은 뒤쪽에서 더 설명하도록 하겠다. 여기서는 수익률 곡선에만 집중해보자. 여기서 제공된 자료에서 국채의 수익률만 가져오면 표 5-4와 같다.

표 5-4를 기준으로 수익률 곡선을 그리면 그림 5-5가 된다. 국채의 수익률 곡선은 3년 이내 만기의 금리는 거의 비슷하고, 10년 금리가 가장 높고 더 장기로 갈수록 금리가 낮아지는 모양을 보여 준

| 표 5-4 · 국채 시가평가 수익률 |

기준일: 2025.05.30

종류	3월	6월	9월	1년	1년6월	2년	2년6월	3년
국채	2,410	2,365	2,370	2.250	2.305	2.330	2.335	2.335
종류	4년	5년	7년	10년	15년	20년	30년	50년
국채	2.467	2.505	2.682	2.772	2.715	2.725	2.625	2.525

다. 이를 그래프로 그리면 그림 5-5와 같다. 그래프에서 1년 이내 금리가 3년 금리보다 높은 특이한 모습을 보인다. 초단기는 금융기관들의 자금 사정에 따라 변동이 큰 반면, 3년 이상은 투자 기관들의 수요가 안정적이어서 낮은 금리를 유지하기 때문이다.

| 그림 5-5 · 국채수익률 곡선 |

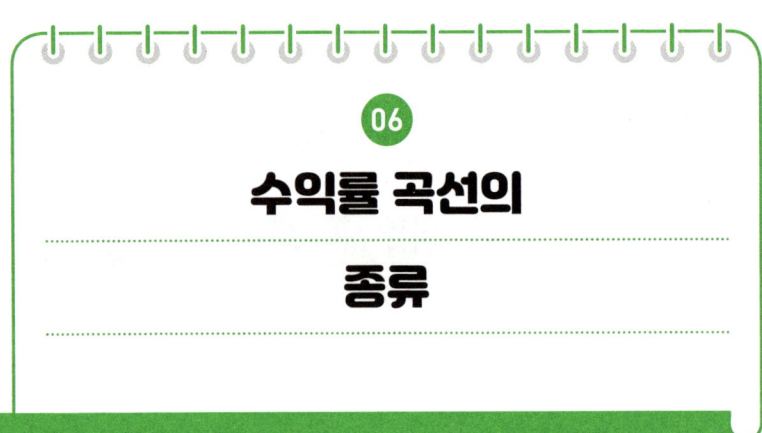

수익률 곡선은 대체로 다음 4가지 형태를 띤다.

① 상승형 수익률 곡선

단기보다 장기 수익률이 더 높은 형태이다. 만기가 길수록 투자자 입장에서는 돈이 묶이는 기간이 길어지므로 거기에 대한 보상을 더 요구하기 마련이다. 따라서 만기가 길수록 요구하는 수익률이 높아지는 형태가 일반적이다. 하지만 채권시장과 상황에 따라 다양한 수익률 곡선의 형태를 띤다.

| 그림 5-6 · 상승형 수익률 곡선(좌)과 하락형 수익률 곡선(우) |

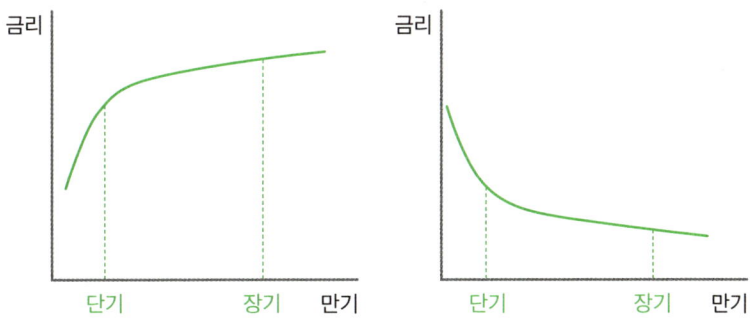

② 하락형 수익률 곡선

단기수익률이 장기수익률보다 높은 경우이다. 보통 단기 자금 시장에서 자금부족이 심화되어 일시적으로 단기금리가 급등하는 경우 발생한다. 글로벌 금융위기처럼 갑작스러운 위기가 발생하면 현금을 보유하려는 경향이 강해지고, 아주 짧은 만기의 채권에 높은 금리를 요구하게 된다. 혹은 기준금리 인상이 급격할 것으로 예상될 때도 단기 금리가 높아질 수 있다. 정상적인 상황은 아니므로 시간이 지나면 우상향하는 수익률 곡선으로 돌아올 가능성이 높다.

| 그림 5-7 · 수평형 수익률 곡선(좌)과 낙타형 수익률 곡선(우) |

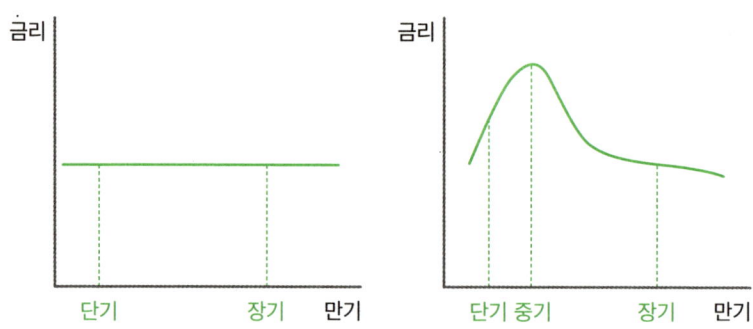

③ 수평형 수익률 곡선

단기와 장기 수익률이 차이가 나지 않는 경우다. 상당 기간 동안 금리의 변화가 없을 것으로 예상될 때 나타난다. 금리수준이 아주 낮은 시기에 잘 나타난다. 혹은 상승형 수익률 곡선에서 하락형으로 변화되거나 그 반대로 전환되는 기간에 일시적으로 발생한다.

④ 낙타형 수익률 곡선

중기의 수익률이 단기와 중기 수익률에 비해 튀어 오르는 경우를 말한다. 일시적인 요인에 의해 중기 금리가 높게 형성되는 경우로 일정시간이 지나면 정상화되는 경우가 많다.

그림 5-5의 우리나라 국채 수익률 곡선은 낙타형과 유사한 모양을 보여준다.

07 수익률 곡선 Yield Curve
형태를 설명하는 가설들

수익률 곡선이 앞에서 보여준 것과 같은 형태를 보이는 이유를 학문적으로 설명하는 이론들이 있다.

① 불편기대가설

현재의 수익률 곡선에는 미래의 단기 수익률에 대한 기대가 반영되어 있다는 이론이다. 2년 만기의 수익률에는 현재 시점에서 1년 수익률과 1년 뒤(미래)에 1년 만기 수익률에 대한 기대(예측)로 이루어져 있다는 것이다.

즉, 불편기대가설에서 수익률 곡선은 시장 참여자의 미래 단기 이자율에 대한 기대에 따라 상승, 하락, 수평, 낙타형 등의 모양을 형성한다. 반대로 수익률 곡선의 형태를 알면 미래의 단기 이자율

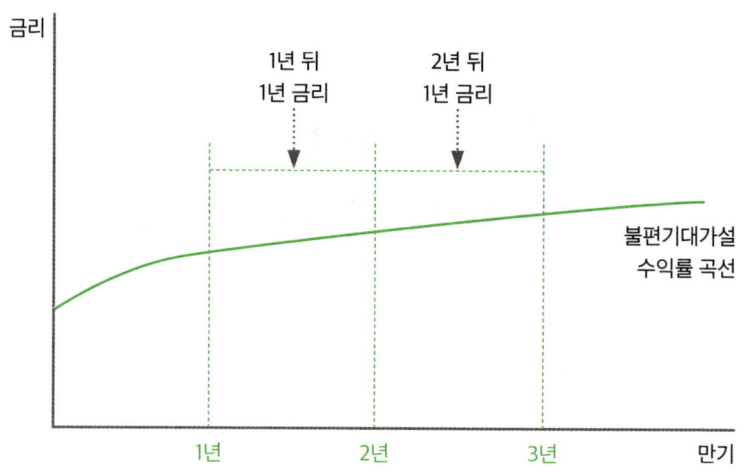

| 그림 5-8 · 불편기대가설 |

이 어떻게 되는지 예상할 수도 있다. 현재 수익률 곡선이 우상향이면, 현재 1년 금리보다 1년 뒤 1년 금리가 더 높을 것이라고 예상한다. 다양한 모양의 수익률 곡선을 잘 설명한다.

② 유동성선호가설

불편기대가설은 단순하게 2년 채권을 사는 것과 현재 1년 채권을 사고, 1년 뒤 1년 채권을 사는 것이 같다고 주장한다. 하지만 보통 긴 만기의 채권을 투자하는 할 때 위험이 더 크다. 투자자는 채권의 만기가 길어질수록 증가하는 위험을 피하고 싶어한다. 따라서 장기채권에는 이 위험에 대한 보상이 추가로 주어져야 한다 것이 유동성선호가설이다. 만기가 길어질수록 이 위험에 대한 보상 즉, 리스크 프리미엄이 더 커져야 한다. 또한 장기채를 투자할 경우 현재의 유동성을 포기하는 대가도 주어져야 한다. 1946년 영국 출신 경제학자인 힉스Hicks는 수익률 곡선에는 시장 참여자의 수익률에 대한 기대와 유동성에 대한 보상이 반영되어 있다는 유동성선호가설을 주장했다. 수익률 곡선이 대체로 우상향하는 이유를 잘 설명해 준다.

| 그림 5-9 · 유동성선호가설 |

③ 시장분할가설

채권시장이 법적, 제도적 요인으로 분할되어 있어 연속적인 수익률 곡선이 나타나지 않고 불연속적으로 나타난다는 이론이다. 1957년 미국 출신 경제학자인 컬버슨Cullbertson이 주장했다. 단기시장은 은행 등의 금융기관에 의해 금리가 결정되고, 중기 영역은 자산운용사등 기관투자자들에 의해 금리가 결정된다. 장기물의 경우

보험사나 연금 투자자들에 의해서 결정되므로 각 시장의 수익률 곡선 만기 영역에 따라 별개로 존재한다. 금리가 투자자의 수급요인에 의해서 결정된다는 점을 반영한 이론이다.

| 그림 5-10 · 시장분할가설 |

④ 선호영역가설

시장분할가설은 각 투자자별로 선호하는 구간만 투자를 하고 다른 영역은 투자를 하지 않는다고 가정한다. 선호영역가설은 특정 영역의 수익률이 높으면 다른 영역의 투자자들도 투자를 한다는 이론이다. 일부 투자자들은 특정 만기의 채권을 선호하지만 충분히 금리가 높으면 그 외의 만기에도 투자를 하고, 수익률 곡선에 영향을 준다. 수익률 곡선에는 다양한 투자자들의 선호가 반영되어 있다.

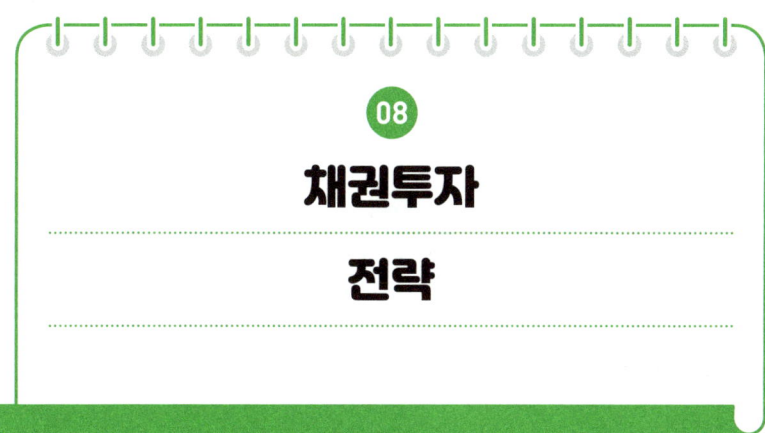

08 채권투자 전략

　채권에 투자하기 위해서 듀레이션과 수익률 곡선에 대해서 살펴보았다. 듀레이션은 목표한 투자를 달성하기 위해 감수해야 하는 리스크가 어느 정도인지 알 수 있게 해준다. 수익률 곡선은 어떤 종목, 어떤 만기에 투자하는 것이 유리한지 기준점을 제시해 준다.

　투자자는 자신이 가진 자금의 목적에 따라 다양한 투자 전략을 구사할 수 있다. 전통적으로 투자 전략은 크게 적극적 전략Active strategy과 소극적 전략Passive strategy으로 나뉘고, 상황에 따라 혼합해서 사용하기도 한다. 적극적 전략은 금리의 방향을 예측하여, 적극적으로 사고 팔아 수익을 극대화하는 전략이다. 즉, High-risk, High-return(고위험, 고수익)을 추구하는 전략이다. 소극적 전략은 미래에 대한 예측을 최소화하여 리스크를 줄이지만, 다소 낮지만 안정적인 수익을 추구한다.

적극적 투자 전략

① 금리예측 전략

적극적 전략은 기본적으로 채권 금리에 대한 예측을 기반으로 매수하거나 매도하는 방법이다. 적극적 투자 전략을 사용할 때는 듀레이션이 큰 장기물을 이용한다. 듀레이션이 클수록 위험은 크지만 작은 금리변화에 자본이익이 커진다.

| 그림 5-11 · 10년 만기 국채 수익률 |

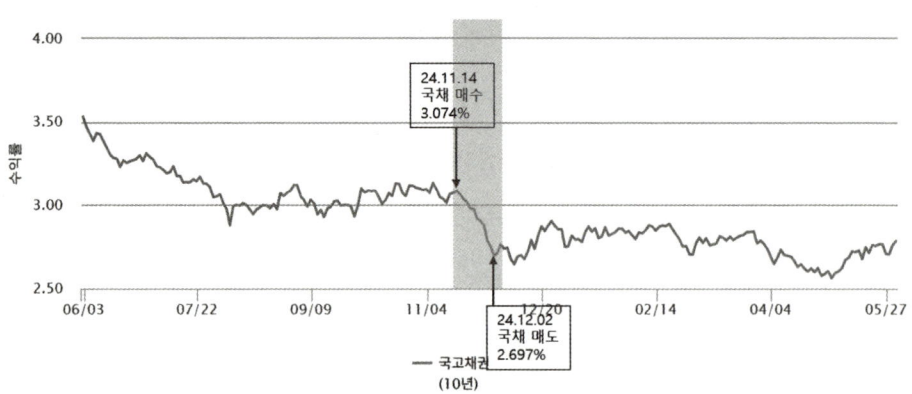

출처 : 금융투자협회

그림 5-11은 24.06.01 ~ 25.05.30까지 10년 만기 국채의 수익률이다. 만약 투자자가 24.11.14에 국채 금리 하락을 예상하고 3.074%에 매수를 했다고 하자. 매수 이후 기준금리 인하 가능성이 커지면서 금리는 예상대로 하락했다. 24.12.02에 2.697%에 매도했다. 금리가 하락했다는 것은 가격이 상승했다는 것이므로 자본차익을 얻을 수 있었다. 배웠던 듀레이션을 이용해 대략적인 자본이득을 계산해 보자. 10년 만기 국채의 듀레이션은 9.2라고 하면 자본차익은 다음과 같다.

$$\frac{\Delta P}{P} \text{(채권 가격 변동률, \%)} = -\frac{Duration}{(1+r)} \times \Delta r = -D_M \times \Delta r$$

$$= -\frac{9.2}{(1+0.03074)} \times (0.0297 - 0.03074)$$

$$= 0.0336$$

즉, 10년 국채를 매매하여 3.36%의 자본수익률을 얻었다. 10,000,000원을 투자했다면 18일만에 336,000원을 벌 수 있다. 주식의 변동성에 비하면 크지 않을지는 모르지만 짧은 기간에 상당한 수익을 얻을 수 있다. 만일 10년 만기 국채가 아니라 1년 채권을 매매했다면 듀레이션이 짧기 때문에 금리 하락에 따른 자본차익은 크지 않았을 것이다.

만약에 매수하고 나서 금리가 예상과 다르게 올랐다면 비슷한 규모의 손실을 봤을 것이다.

② 스프레드를 이용한 채권 교체 전략

스프레드는 채권들 간의 수익률의 차를 의미한다. 수익률 곡선상에서 장기금리와 단기금리의 차이를 장단기 스프레드라고 한다. 신용위험이 없는 국채와 회사채 금리간의 차이는 신용 스프레드 Credit spread라고 한다. 스프레드를 이용한 채권 교체 전략은 주로 신용 스프레드를 이용한다. 국채와 회사채간의 금리 움직임은 대체로 비슷하지만 특정한 시기에 확대가 되었다가 축소되기를 반복하는데, 이 타이밍을 이용해 국채를 회사채로 교체하거나 그와 반대되는 매매를 하는 전략이다.

일반적으로 경기 침체가 예상되면 기업들의 재무구조가 악화되고, 자금수요는 증가한다. 이 경우 회사채 금리는 올라가고, 투자자

| 그림 5-12 · 국채3년, 회사채(AA-)3년 수익률 |

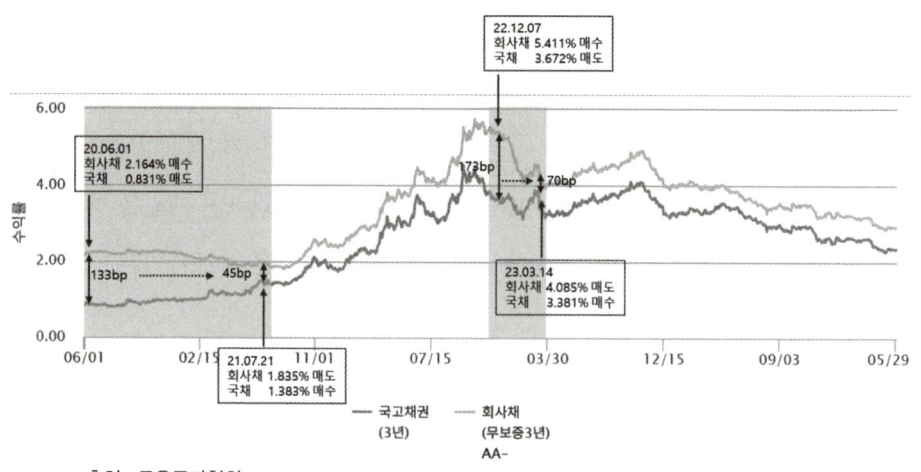

출처 : 금융투자협회

들은 보다 안전한 국채를 선호할 것이므로 국채 금리는 하락하거나 회사채 대비 금리 상승폭이 작아진다. 즉, 신용 스프레드는 확대된다. 그러나 일정시점이 지난 후에는 높아진 회사채 금리 매력을 보고 투자자들의 투자가 유입되면서 신용 스프레드는 축소하게 된다. 그림 5-12는 국채3년과 회사채(AA-) 3년의 금리 움직임을 나타낸다.

20.06.01 회사채 금리는 2.164%, 국채는 0.831%로 두 금리의 차이가 1.33%였다. 채권시장에서 금리의 작은 변동을 이야기할 때 베이시스 포인트Basis point, bp를 많이 쓴다. 1% = 100bp로 표현된다. 따라서 신용 스프레드는 133bp이다. 적극적 투자자는 신용 스프레드가 현재 지나치게 확대되었다는 것을 확인하고, 향후 스프레드 축소를 예상한다. 따라서 현재 높게 형성되어 있는 회사채를 2.164%에 매수하고, 국채를 0.831%에 매도한다. 시간이 흘러 신용 스프레드가 45bp까지 축소되었을 때 회사채를 매도하고 국채를 매수하면, 투자자는 88bp의 이익을 얻게 된다. 이 수익이 어느 정도인지 계산해보자. 3년 채권의 듀레이션을 2.8이라고 가정하자.

$$\frac{\Delta P}{P}(채권\ 가격\ 변동률, \%) = -\frac{Duration}{(1+r)} \times \Delta r = -D_M \times \Delta r$$

$$= -\frac{2.8}{(1+0.02164)} \times -0.00881$$

$$= 0.02415$$

투자자는 교체 매매를 통해 2.415%의 수익을 얻게 된다. 그런데 일반 투자자는 회사채를 매수할 수는 있지만 없는 국채를 매도할 수가 없다. 위 교체매매 방식은 기관투자자들이 주로 사용하는 방법이고, 매수와 매도 포지션을 함께 취하면서 듀레이션을 중립을 만들어 가격 변동위험을 최소화했다. 채권을 매수하면 듀레이션이 +2.8이고, 채권을 매도하면 듀레이션이 -2.8이므로, 합치면 0이 된다. 금리 변동에 따른 가격 변화가 상쇄되어 이론적으로 위험이 0이 된다. 리스크를 줄이면서 상당한 수익을 얻을 수 있다.

그렇다면 일반 투자자인 우리는 이 방법을 어떻게 사용해야 할까? 20.06.01은 코로나 위기가 촉발된 시점이다. 글로벌 위기 상황에서 안전자산인 국채만 큰 폭으로 하락하고 회사채는 별다른 움직임이 없어 신용 스프레드가 확대되었다. 이 신용 스프레드의 확대는 국채에 기인하므로 국채 금리는 상승할 것으로 예상할 수 있다. 다만 회사채 금리는 국채 대비 상당히 매력적인 수준으로 볼 수 있으므로 국채 대신 회사채를 매수하면 된다. 만약 이 시기 투자자가 국채를 보유하고 있다면 회사채로 교체하는 매매를 고려해 볼 수도 있다. 그림 5-12의 그래프에서 두 번째 매매를 한번 살펴보자.

22.12.07에 회사채 금리는 5.411%, 국채는 3.672%로 신용 스프레드가 173bp였다. 금리 수준도 높은데 신용 스프레드가 높아 향후 금리는 하락하고, 신용 스프레드도 축소가 예상되어 회사채를 매수하고 국채를 매도했다. 이후 예상대로 신용 스프레드가 70bp로 축

소되어 103bp의 이익을 얻을 수 있었다. 만약 같은 이유로 회사채 매수로만 대응을 했다면 회사채 금리 하락폭인 132bp의 이익을 얻을 수 있었을 것이다. 수익률로 둘 모두 계산을 해보자.

먼저 교체매매 전략을 했을 경우 수익률이다. 2.749%의 이익을 얻었다.

$$\frac{\Delta P}{P} \text{ (채권 가격 변동률, \%)} = -\frac{Duration}{(1+r)} \times \Delta r = -D_M \times \Delta r$$

$$= -\frac{2.8}{(1+0.05411)} \times -0.01035$$

$$= 0.02749$$

회사채만 매매했을 경우 수익률은 다음과 같다. 3.52%로 더 높은 이익을 얻을 수 있다.

$$\frac{\Delta P}{P} \text{ (채권 가격 변동률, \%)} = -\frac{Duration}{(1+r)} \times \Delta r = -D_M \times \Delta r$$

$$= -\frac{2.8}{(1+0.05411)} \times -0.0132$$

$$= 0.0352$$

적극적 전략으로 잘 예측하면 높은 수익이 가능하지만 예측이 틀리면 상당한 손실을 볼 수도 있다. 적정한 스프레드 수준이 어디인지를 잘 판단하고 투자를 진행해야만 한다.

③ 수익률 곡선 타기 전략

수익률 곡선은 앞장에서 언급했듯이 만기와 금리와의 관계를 나타내는 그래프를 말한다. 보통은 우상향 하는 모양을 가진다.

수익률 곡선 타기 전략은 향후 수익률 곡선의 모양이 현재와 비슷하고, 금리가 현재와 비슷하거나 하락하는 경우에 유용한 전략이다.

그림 5-13처럼 수익률 곡선이 있을 때 수익률 곡선의 기울기가 가장 급한 구간을 찾는다. 6년 만기 채권에 투자하여 1년간 보유했을 때(5년 만기 수익률) 금리의 하락폭(B)은 2년 만기 채권에 투자하여 1년 보유한 경우의 금리 하락폭(A)보다 작다. 이 경우 2년 만기 채권에 투자를 하면 자연스럽게 만기가 감소함에 따라 금리가 하락하는

| 그림 5-13 · 수익률 곡선 타기 전략 |

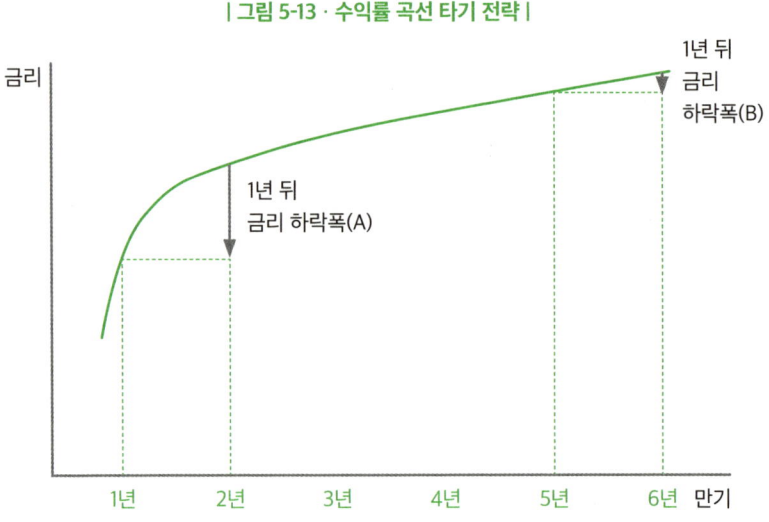

효과를 볼 수 있다.

이를 숄더효과Shoulder effect라고 부른다. 보통 이 효과가 극대화되는 구간은 1~2년이다. 우리가 회사채에 투자를 하는 경우 보통 이 구간의 채권에 투자를 하게 되는데, 2년 회사채를 매수하여 만기까지 보유하기보다는 1년만 보유하고 시장에 매각 후 다시 2년 회사채를 매수하는 방법으로 수익률을 극대화할 수 있다. 다만 이 전략은 수익률 곡선이 시간이 지나더라도 크게 변화하지 않는 상황에서만 유효하다.

소극적 투자 전략

① 만기보유전략

목표로 하는 투자기간을 가진 채권을 매수하여 만기까지 보유하는 전략이다. 금리나 수익률 곡선에 대한 예측이 필요 없고, 가장 단순하고 쉬운 전략으로 매수시점에 투자 수익률이 결정된다. 매수한 채권의 디폴트 리스크만 존재한다. 우량 신용등급을 가진 채권을 매수하는 경우 위험이 거의 없다.

② 사다리형 전략

사다리형 전략은 포트폴리오 내의 채권의 비중을 만기별 동일하게 유지하는 방법이다. 예를 들어 500만 원으로 채권을 투자한다고 했을 때 1년 만기 100만 원, 2년 만기 100만 원 등 각 만기별로 100만 원씩 투자를 하는 방법이다. 투자기간 동안 금리 변화를 예측하지 않고, 특정 만기에만 투자를 하지도 않는다. 1년 뒤에 만기상환이 된 자금으로 다시 5년 만기 채권을 매수하여 포트폴리오를 유지한다. 금리가 오르면 보유하고 있는 채권 가격이 하락하지만 만기상환시 받은 자금으로 낮은 가격의 채권을 매수하기 때문에 물타기 효과를 볼 수도 있다. 기본적으로 채권을 만기까지 보유하는 전략을 사용하므로 금리 예측이 필요 없다.

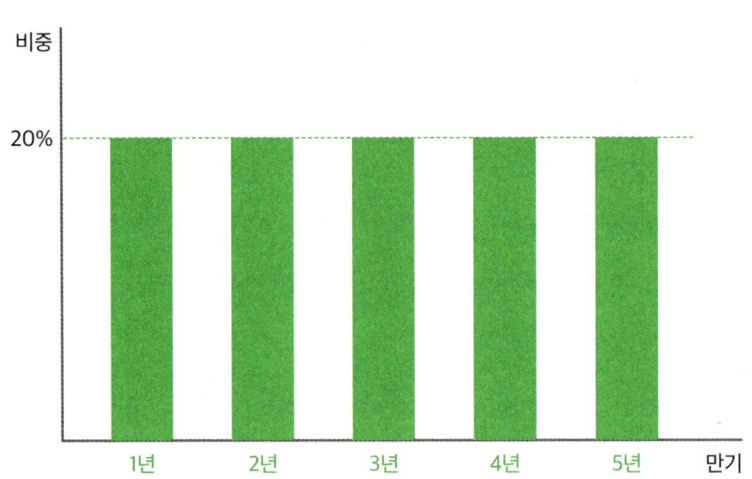

| 그림 5-14 · 사다리 전략 |

③ 바벨형 전략

사다리 전략보다 채권 보유 만기를 단순화시켜 포트폴리오 구성 비용을 최소화하고 금리 예측 없이 투자기간 동안 평균적 수익을 올리기 위해 사용하는 방법이다. 보통 중기채를 제외하고 단기와 장기채권만으로 포트폴리오를 구성한다.

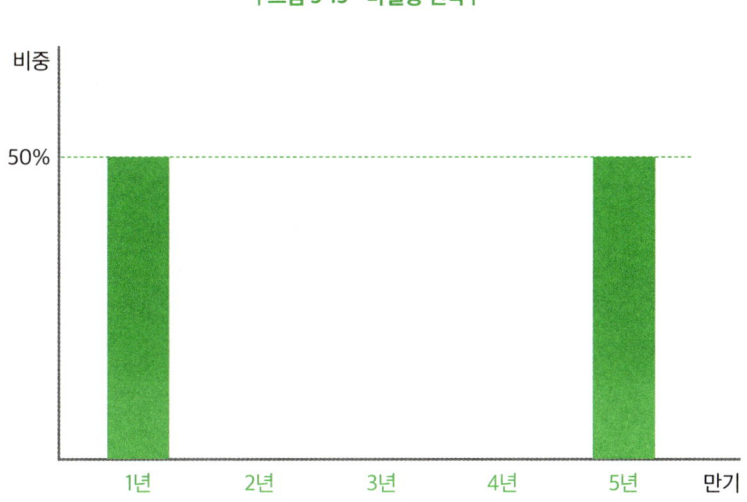

| 그림 5-15 · 바벨형 전략 |

그래프가 운동기구인 바벨과 비슷하다고 해서 바벨형 전략이라고 불린다.

투자자는 금리는 다소 낮지만 가격변동 위험이 낮은(듀레이션이 짧다) 단기채와 금리는 높지만 가격변동 위험이 높은(듀레이션이 길다) 장기채를 동시에 보유하여 투자기간 동안 평균적인 수익을 얻고 싶을 때 사용한다. 이 경우 평균 듀레이션은 3년이 된다. 소극적 전략으로 볼 수도 있지만 금리 예측을 동반할 수도 있다. 예를 들어 수익률 곡선에서 중기채 금리만 유독 낮은 경우 향후 단기와 장기금리 하락을 예상하고 바벨 전략을 사용할 수도 있다. 적극적 전략인지 소극적 전략인지는 상황에 따라 달라진다.

④ 인덱스 전략 : 채권 ETF에 투자하기

채권의 인덱스 전략이란 채권투자의 성과가 일정한 채권지수를 따르도록 포트폴리오를 구성하는 것을 말한다. 채권지수라는 것은 시장에 있는 채권들을 모아서 지수화한 것을 말한다. KTB 10년 지수라고 하면 우리나라에서 발행된 10년 만기 국채들을 모아서 하나의 지수로 만든 것이다. 10년 만기 국채라고 하면 딱 10년이 되는 채권만 해당하는 것이 아니고, 비슷한 만기의 국채가 모두 포함된다. 이들 채권의 발행금액을 기준으로 포트폴리오를 구성하여 하나의 가격으로 만드는 것이다. 종합주가지수가 주식거래소에 거래되는 모든 종목의 가격을 모아서 하나의 지수로 만든 것과 같다.

보통 인덱스 전략은 기관투자자들이 이런 지수들을 추종하도록 포트폴리오를 구성하는 전략을 말하는데, 우리 같은 일반투자자가 기관투자자처럼 많은 종목을 투자할 수는 없다. 우리는 채권지수를 추종하기보다는 채권지수 자체에 투자를 하면 된다. 최근에는 ETF라는 상품이 등장하면서 개인들이 채권에 투자하기가 더 쉬워졌다. ETF 투자에 대해서는 뒤에서 자세히 살펴보자.

CHAPTER 6

회사채 투자 전략

회사채란 기업이 필요한 자금 조달을 위해 발행하는 채권이다. 회사채를 투자할 때 알아야 할 내용들이 이번 챕터에 설명되어 있다. 기업의 재무비율, 신용등급에 대한 내용, 신용평가보고서 읽는 방법 등을 살펴보자. 그리고 실제 어떤 회사채에 투자해야 될지 다양한 지표를 보는 법과 발행된 채권을 예시로 적용해보자.

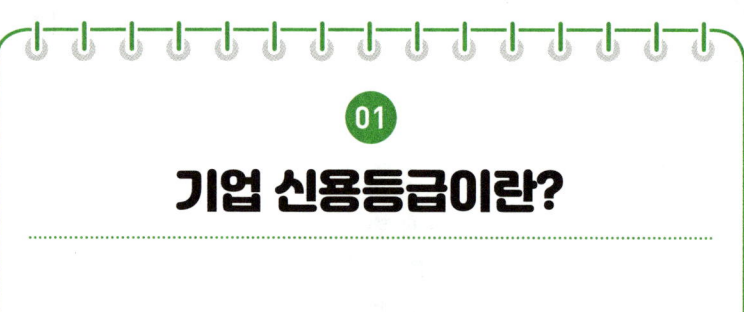

01
기업 신용등급이란?

　우리나라에서 채권을 발행하는 기관은 대부분 신용등급을 받는다. 법적으로 신용등급을 꼭 받아야 하는 것은 아니지만 채권의 주요 투자자인 기관투자자들은 보통 2군데 이상의 신용평가사로부터 신용등급을 받은 채권에만 투자를 할 수 있다. 그리고 일반 대중들을 대상으로 채권을 발행할 때(공모)는 법적으로 신용등급을 받아야만 한다.

　채권에 신용등급이 있으면 채권을 투자하기가 쉬워진다. 개인들이 투자하는 대부분의 채권은 신용등급이 있고, 이 신용등급만 보더라도 채권의 채무불이행 리스크를 쉽게 짐작할 수 있다.

　채권의 신용등급 Credit rating of bonds 은 채권 발행자가 원리금을 적시에 상환할 수 있는 능력이 있는지를 신용평가사가 평가하여 수치화된 등급으로 나타낸 것을 말한다. 원리금을 적시에 상환하지 않은 것을 부도(디폴트default) 혹은 채무불이행이라고 한다. 부도는 사전적으로 원리금의 적기상환이 이루어지지 않거나 기업회생절차 또는 파산절차 개시가 있는 경우를 말한다. 신용등급은 발행자의 부도 가능성을 나타낸다.

우리나라에서 채권을 신용평가 하는 곳은 한국기업평가, 나이스신용평가, 한국신용평가 3군데가 있다.

장기 신용등급

우리나라의 신용평가사는 발행사들의 디폴트 리스크의 크기에 따라 다음과 같은 신용등급 체계를 사용한다. 채권만기가 1년이 넘어가는 경우(장기) AAA ~ D까지로 나뉘고, 하위등급으로 갈수록 부도 가능성이 높아진다.

AAA ~ BBB- 등급을 흔히 투자등급이라고 하고, 그 이하를 투기등급이라고 부른다. 이미 디폴트가 발생한 채권일 경우 D(Default)등급을 부여한다. 투기등급을 받은 기업들은 부도 가능성이 높으므로 투자할 때 각별한 주의가 필요하다.

| 표 6-1 · 우리나라 신용등급 체계 |

신용등급	의미	비고
AAA	최고수준의 신용상태, 채무불이행 위험 거의 없음	투자등급 (Investment Grade)
AA+, AA, AA-	매우 우수한 신용상태, 채무불이행 위험 매우 낮음	
A+, A, A-	우수한 신용상태, 채무불이행 위험 낮음	
BBB+, BBB, BBB-	보통 수준의 신용상태, 채무불이행 위험 낮지만 변동성 내재	
BB+, BB, BB-	투기적인 신용상태, 채무불이행 위험 증가 가능성 상존	투기등급 (Junk Grade)
B+, B, B-	매우 투기적인 신용상태, 채무불이행 위험 상존	
CCC, CC, C	매우 불량한 신용상태, 채무불이행 위험 매우 높음	
D	채무불이행 상태	

| 표 6-2 · 신용등급별 기업 수와 비중, 부도업체 수, 부도율(2024년 기준) |

등급	업체 수	비중	부도업체 수	부도율
AAA	58	14%	0	0.00%
AA	146	36%	0	0.00%
A	123	30%	0	0.00%
BBB	38	9%	0	0.00%
BB	28	7%	1	3.03%
B	14	3%	1	5.00%
CCC	4	1%	0	0.00%
투자등급	365	89%	0	0.00%
투기등급	46	11%	2	3.64%
전체	411	100%	2	0.47%

출처 한국기업평가

우리나라 회사채는 투자등급이 89%로 대부분을 차지한다. 보통 회사채를 발행하는 기업은 재무구조가 탄탄한 기업들이기 때문에 투자할 때 신용등급만 잘 참고하더라도 채권의 부도위험에 노출될 가능성은 낮다. 신용등급을 받은 기업의 수가 411개로 주식 종목에 비해서는 상당히 적은 편이다. 회사채 투자를 결정하기 위해 살펴 봐야 하는 기업의 수가 적다는 것은 채권투자의 상당한 장점이다. 거기다 신용도 평가를 외부에서 객관적으로 수행해 주기 때문에 분석에 대한 부담도 적다. 개인 투자자들이 접근하기에 주식보다는 훨씬 용이하다.

그렇다면 신용등급은 얼마나 믿을 수 있을까? 2024년 한해 동안 채권신용평가사인 한국기업평가에서 신용등급을 받은 기업들 중에서 부도가 발생한 기업은 2개뿐이다. 모두 투기등급에서 발생했다. 투자등급에 있던 기업이 디폴트가 발생한 경우가 없다는 의미이다. 신용평가사에서 등급평가를 잘 했다고 평가할 수도 있다. 그만큼 우리는 신용등급을 꽤 신뢰할 수 있다.

단기 신용등급

채권 만기가 1년 미만인 경우에는 장기 신용등급이 아닌 단기 신용등급을 부여한다. 단기채는 1년 이내에 원리금을 지급해야 하는데 이때는 현재 기업상황이 중요하다. 3년이나 5년 뒤 원리금 상환위험을 계산하기 위해서는 발행기업의 미래 현금흐름을 추정해야 하는데 단기는 추정이 필요한 부분이 상대적으로 적다. 좀 더 정확하게 원리금 지급 가능성을 계산할 수 있다. 미래 현금창출력이 떨어져 장기 신용등급이 낮더라도 현재 현금 보유가 많으면 당장 원리금 상환가능성은 높으므로 단기 신용등급은 높은 경우가 발생한다. 단기 신용등급 체계는 다음과 같다.

| 표 6-3 · 우리나라 단기 신용등급 체계 |

신용등급	의미	장기등급과 관계
A1	매우 우수한 단기 신용상태, 단기적인 채무불이행 위험 매우 낮음	AAA, AA 등급
A2	우수한 단기 신용상태, 단기적인 채무불이행 위험 낮음	A 등급
A3	보통 수준의 단기 신용상태, 단기적인 채무불이행 위험 낮지만 변동성 내재	BBB 등급
B	불안정한 단기 신용상태, 단기적인 채무불이행 위험 상존	BB, B 등급
C	불량한 단기 신용상태, 단기적인 채무불이행 위험 높음	CCC, CC, C 등급
D	채무불이행 상태	D 등급

단기 최고 신용등급인 A1은 부도가능성이 거의 없고, 대부분 장기 신용등급 AAA, AA등급의 기업들이 여기에 속한다. A3까지를 투자등급이라고 하고 그보다 낮으면 투기등급으로 투자할 때 주의를 요한다. 보통 단기 채권으로 분류되는 전자단기사채, 기업어음CP, 유동화기업어음ABCP 등이 단기등급을 받는다.

| 표 6-4 · 단기 신용등급별 기업 수 및 비중 |

등급	업체 수	비중
A1	118	29%
A2	69	17%
A3	40	10%
B	2	0%
C	0	0%
투자등급	227	55%
투기등급	2	0%
전체	229	56%

표에서도 알 수 있듯이 발행되는 대부분의 단기채권은 투자등급이다. 1년 이내에 투기등급인 기업들은 부도 위험이 아주 높기 때문에 발행을 하더라도 투자자를 구하기 어렵기 때문이다.

신용등급을 받고 채권을 발행했다는 사실만으로도 그 기업의 재무구조는 건실하다고 판단할 수 있다. 한국기업평가에서 발표한 자료를 보면 1998년부터 2024년까지 AAA등급, AA등급을 받은 기업이 부도가 난 사례는 전무하다. A등급의 경우 1%미만의 부도가 발생했고, BBB등급의 경우 4% 내외로 부도가 발생했다.

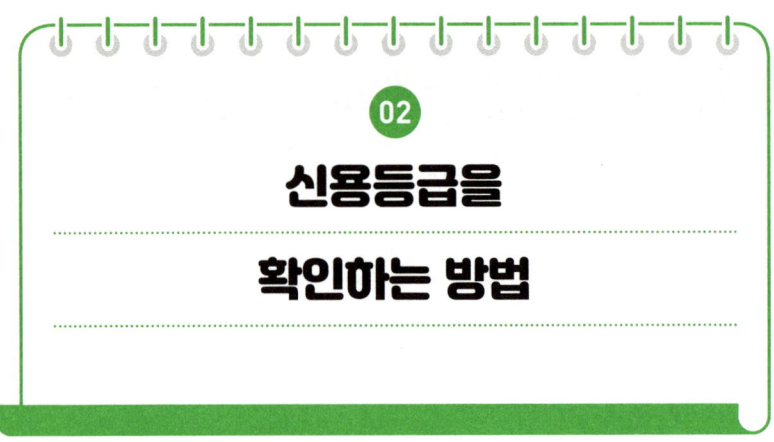

02 신용등급을 확인하는 방법

발행기업들의 신용등급은 앞에서 언급했던 3군데 신용평가사 홈페이지에서 검색해 볼 수 있다.

그림 6-1은 한국기업평가의 홈페이지 화면이다.

| 그림 6-1 · 한국기업평가 홈페이지 |

홈페이지 화면에서 원하는 기업명을 입력하면 신용등급을 확인할 수 있다. 검색어 창에 'KB금융지주'를 입력하고 엔터를 쳐보자. 그림 6-2와 같은 화면을 볼 수가 있다.

| 그림 6-2 · KB금융지주 검색 결과 화면 |

화면 좌측 하단에 ㈜KB금융지주를 클릭해 보자. KB금융지주의 회사개요와 최근 평정내역 리스트를 볼 수 있다. KB금융지주는 2025년 5월 20일에 회사채를 발행했는데, 신용등급을 AAA를 받았다. 신용등급 우측의 괄호는 등급 전망Outlook(아웃룩)을 나타내는데 KB금융지주의 아웃룩은 안정적이다.

| 그림 6-3 · KB금융지주 회사개요 및 최근 평정내역 화면 |

발행회사개요						
회사명	☆ (주)KB금융지주	구분	유가증권	그룹명	KB금융	
대표자	양종희	결산월	12	업종명	지주회사	
주요제품						

Overview | 등급 | 리서치 | 주요재무제표 | 업종/계열 | Peer 재무정보 | 업체별 채권

※ 청명홍 왼쪽이면 해당 테이블 헤더정보를 클릭해주세요.

리포트 가이드 : F (Full Report) U (Updated Report) S (Summary)

최근평정내역 및 최근Full보고서   + 더보기

평정대상	평정구분	평가일	공시일	등급	Outlook	평가의견	재무요약	보고서
회사채(선순위)	본	2025.05.20	2025.05.20	AAA	안정적	📄		S
후순위금융채(조건부자본)	정기	2025.04.24	2025.04.24	AA	안정적	📄		S
신종자본증권(조건부자본)	정기	2025.04.24	2025.04.24	AA-	안정적	📄		S
기업어음	정기	2024.11.06	2024.11.06	A1		📄		S
기업신용평가	정기	2025.05.09	2025.05.09	AAA	안정적	📄		S
최근Full보고서 (기업어음)	본	2021.06.25	2021.06.25	A1		📄		F

신용평가사는 신용등급을 평가하고, 향후 등급변경에 대한 전망도 함께 발표한다.

- 긍정적Positive : 향후 1~2년 이내에 등급 상향 가능성이 있음
- 안정적Stable : 향후 1~2년 이내에 등급 변동 가능성이 낮음
- 부정적Negative : 향후 1~2년 이내에 등급 하향 가능성이 있음
- 유동적Evolving : 향후 1~2년 이내에 등급 변동 방향이 불확실한 경우

이렇게 4가지로 발표를 하므로 투자자들은 이를 바탕으로 회사채 등급 상향 가능성을 따져볼 수 있고, 등급 상향 가능성이 높은 채권에 투자를 하고 하향 가능성이 있는 채권은 빠르게 매각한다.

최근 평정 내역에서 평가의견란에 PDF 파일 표시를 클릭해보자. 그러면 'KB금융지주-본(날짜)'이라는 파일을 다운 받을 수 있다.

| 그림 6-4 · KB금융지주 신용평가 보고서 |

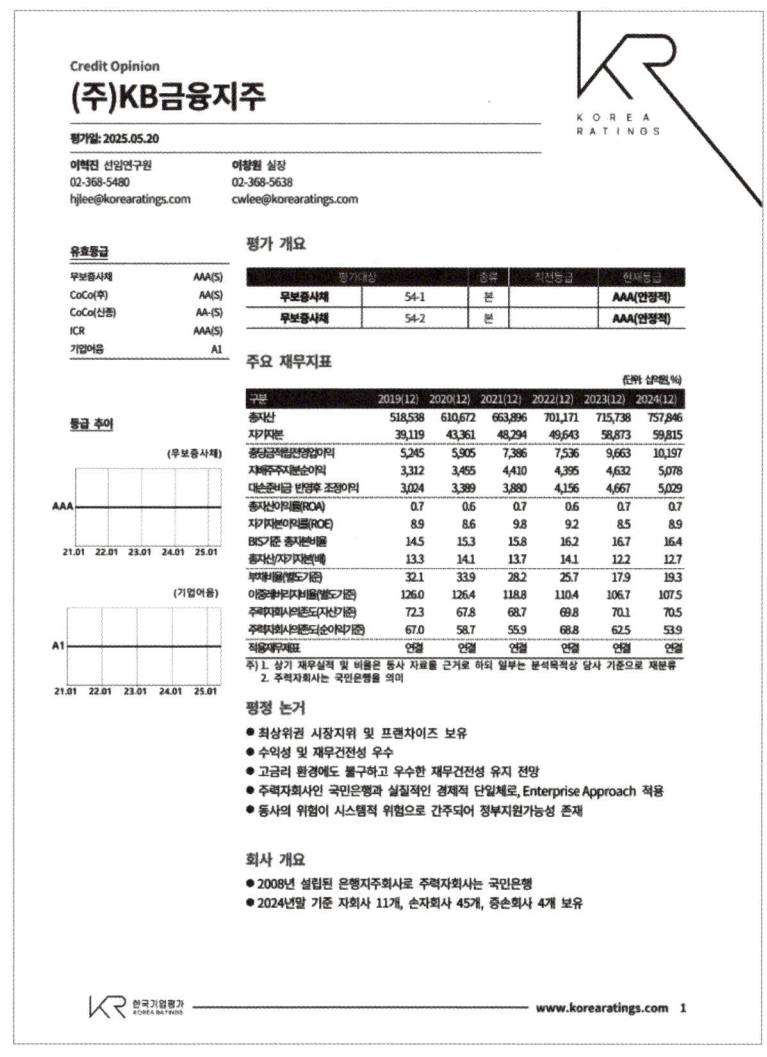

파일을 열면 신용등급을 AAA로 부여한 이유에 대한 보고서를 볼 수 있다. 이 보고서를 신용평가보고서라고 하는데 주요 재무지표, 평정사유, 회사의 사업적인 부분, 유동성 현황, 최근 이슈까지 잘 정리되어 있다. 회사채를 투자하는 투자자들은 꼭 살펴봐야 하는 자료이다.

신용평가보고서는 주식을 투자하는 투자자들도 참고해 볼만하다. 주식은 미래의 가능성을 분석한다면 채권은 현재 혹은 가까운 미래의 기업이 존재 가능성을 판단한다. 주식을 투자할 때 새로운 관점에서 기업을 볼 수 있는 기회가 될 것이다.

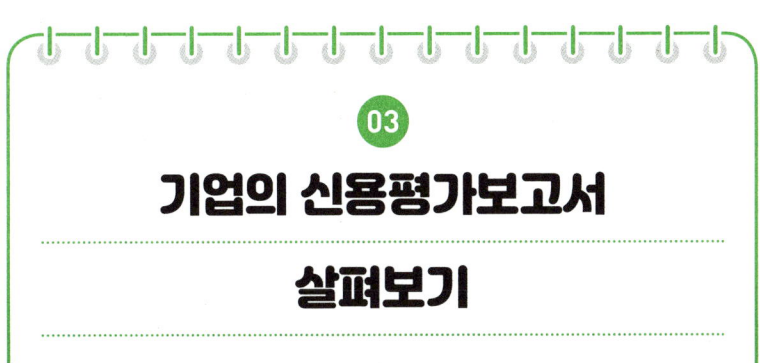

03 기업의 신용평가보고서 살펴보기

실제 신용평가보고서를 살펴보고 기업의 신용도를 분석해보자. 앞에서 말했듯이 기업의 신용평가는 채무불이행 가능성이 얼마나

| 그림 6-5 · 한국기업평가 평가방법론 화면 |

되는지 측정하는 것이 목표다. 각 채권신용평가사들은 발행기업들이 속한 산업별로 평가방법론을 제시하고 있다. 산업 자체의 이해도를 높일 수 있고, 평가 방법론을 자세하게 설명하고 있어, 기업분석에 관심이 많은 독자는 참고하면 좋겠다. 내용이 어려워질 수 있으니 여기서는 신용평가보고서만 살펴보자.

| 그림 6-6 · 산업별 평가방법론 리스트 |

구분	방법론구분	제목	작성자	등록일	조회수	다운로드
금융기관 평가방법론	Sector-Specific	할부리스업 신용평가방법론	윤희정,김태현	2025.03.24	177	
금융기관 평가방법론	Sector-Specific	신용카드업 신용평가방법론	안태영,김태현	2025.03.24	115	
금융기관 평가방법론	Sector-Specific	상호저축은행업 신용평가방법론	안태영,김태현	2025.03.24	76	
금융기관 평가방법론	Sector-Specific	부동산투자회사(REITs) 신용평가방법론	박광식,이창원	2025.03.24	104	
금융기관 평가방법론	Sector-Specific	부동산신탁업 신용평가방법론	김선주,이창원	2025.03.24	86	
일반기업 평가방법론	Sector-Specific	건설업 신용평가방법론	박찬보,김현,최한솔	2025.03.19	243	
일반기업 평가방법론	Sector-Specific	반도체업 신용평가방법론	하현수,송총훈	2025.03.19	114	
일반기업 평가방법론	Sector-Specific	의류(패션, 의류제조)업 신용평가방법론	신동학,유준기,최주욱	2025.03.19	84	
일반기업 평가방법론	Sector-Specific	정유업 신용평가방법론	유준위,최주욱	2025.03.19	70	
일반기업 평가방법론	Sector-Specific	철강업 신용평가방법론	안동민,송총훈	2025.03.19	75	
신용평가 일반론	Master	IV-1. 부도정의와 부실회수형별 Rating Policy	김경무	2025.03.19	86	
신용평가 일반론	Master	II-3. 신용평가의 절차	김경무	2024.07.15	730	
정부/펀드 평가방법론	Sovereign	Sovereign 신용평가방법론	홍승기,김태현	2024.03.22	220	
금융기관 평가방법론	Sector-Specific	증권업 신용평가방법론	정효섭,김선주,이창원	2024.03.22	1,016	
금융기관 평가방법론	Sector-Specific	은행업 신용평가방법론	정문영,김태현	2024.03.22	609	

기업의 신용등급은 먼저 사업분석, 재무분석, 시나리오 분석을 통해 기업분석이 이루어지고, 기업의 외부 경영환경 분석, 유가증권 분석(발행 채권의 내용과 조건)을 추가하여 기업의 원리금상환능력을 분석한다. 이를 토대로 기업의 신용등급이 결정된다.

신용평가보고서에는 이 과정에서 분석한 내용을 자세하게 설명

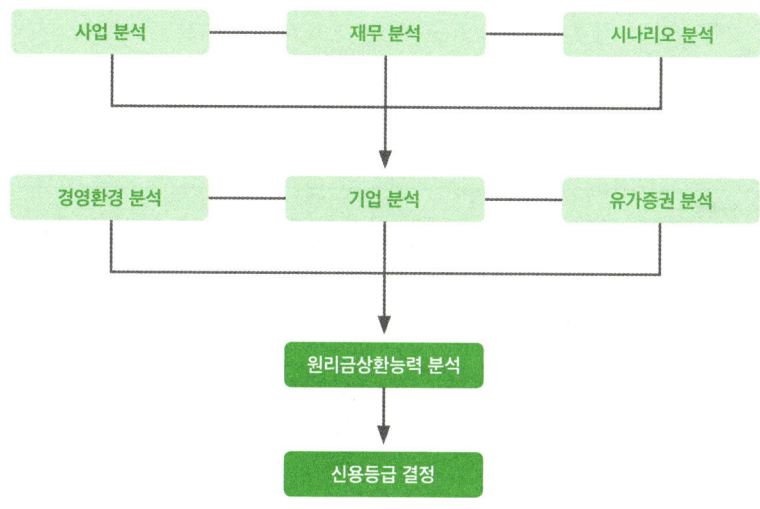

| 그림 6-7 · 신용등급 결정 과정 |

하고, 최종 등급 결정 이유도 제시해 준다. 앞에서 언급했던 KB금융지주 신용평가 보고서를 보면서 구체적인 항목을 살펴보자(그림 6-8 참고).

첫 번째 장에 핵심적인 내용들이 다 포함되어 있다.

유효등급

채권 발행자의 실제 시장에 공표된 신용등급을 의미한다. 정기적으로 평가를 받지 않으면 유효한 등급이 사라진다. 각 등급 뒤에

(S)는 등급의 아웃룩을 나타내는데 S는 Stable, 안정적이라는 의미이다.

| 그림 6-8 · KB금융지주 신용평가보고서(자세히) |

유효등급
- 무보증사채 AAA(S)
- CoCo(후) AA-(S)
- CoCo(신종) AA-(S)
- ICR AAA(S)
- 기업어음 A1

등급 추이
(무보증사채) AAA 21.01~25.01
(기업어음) A1 21.01~25.01

평가 개요

평가대상		종류	직전등급	현재등급
무보증사채	54-1	본		AAA(안정적)
무보증사채	54-2	본		AAA(안정적)

주요 재무지표

(단위: 십억원, %)

구분	2019(12)	2020(12)	2021(12)	2022(12)	2023(12)	2024(12)
총자산	518,538	610,672	663,896	701,171	715,738	757,846
자기자본	39,119	43,361	48,294	49,643	58,873	59,815
충당금적립전영업이익	5,245	5,905	7,386	7,536	9,663	10,197
지배주주지분순이익	3,312	3,455	4,410	4,395	4,632	5,078
대손준비금 반영후 조정이익	3,024	3,389	3,880	4,156	4,667	5,029
총자산이익률(ROA)	0.7	0.6	0.7	0.6	0.7	0.7
자기자본이익률(ROE)	8.9	8.6	9.8	9.2	8.5	8.9
BIS기준 총자본비율	14.5	15.3	15.8	16.2	16.7	16.4
총자산/자기자본(배)	13.3	14.1	13.7	14.1	12.2	12.7
부채비율(별도기준)	32.1	33.9	28.2	25.7	17.9	19.3
이중레버리지비율(별도기준)	126.0	126.4	118.8	110.4	106.7	107.5
주력자회사의존도(자산기준)	72.3	67.8	68.7	69.8	70.1	70.5
주력자회사의존도(순이익기준)	67.0	58.7	55.9	68.8	62.5	53.9
적용재무제표	연결	연결	연결	연결	연결	연결

주) 1. 상기 재무실적 및 비율은 동사 자료를 근거로 하되 일부는 분석목적상 당사 기준으로 재분류
2. 주력자회사는 국민은행을 의미

평정 논거
- 최상위권 시장지위 및 프랜차이즈 보유
- 수익성 및 재무건전성 우수
- 고금리 환경에도 불구하고 우수한 재무건전성 유지 전망
- 주력자회사인 국민은행과 실질적인 경제적 단일체로, Enterprise Approach 적용
- 동사의 위험이 시스템적 위험으로 간주되어 정부지원가능성 존재

① **무보증사채** : 담보나 보증 없이 발행되는 채권을 말한다. 보통 회사채는 대부분 무보증으로 발행되고, 간혹 담보나 보증을 제공하고 발행되기도 한다. 이 경우 기업의 신용등급보다 담보채권의 신용등급이 높을 수도 있다. 기업의 신용등급과 기업이 발행한 채권의 신용등급은 사실상 별개다. 하지만 무

보증 회사채의 신용등급은 기업의 신용등급과 같다. 무보증 사채의 신용등급은 AAA등급으로 KB금융지주의 신용등급(하단의 ICR)과 동일하다.

② **CoCo(후)** : 조건부자본증권Contingent Convertible Bond중 조건부후순위 채권이다. 금융지주사들이 국제결제은행BIS 기준 자기자본비율을 맞추기 위해 주로 발행하는 채권이다. 특정 조건에 따라 채권이지만 자본으로 인정받는다. 보통 만기는 10년으로 발행되지만 5년 후 조기상환권(콜옵션)을 행사해 원리금을 상환할 수 있다. 사전에 정한 조건을 지키지 못하는 상황Contigent이 발생하면 원금의 일부 혹은 전부를 손실 처리 한다. (후)는 후순위를 의미하는데, 원리금 상환 시 일반 후순위채권보다도 후순위이다. 따라서 무보증 사채보다 신용등급이 2개 낮은 AA등급이다. 은행이 부실해지는 경우는 거의 없기 때문에 일반 투자자들이 선호하는 채권 중 하나이다. 일반 은행채 5년 금리보다 1%이상 높은 금리로 발행된다.

③ **CoCo(신종)** : 조건부자본증권 중 신종자본증권으로 CoCo(후)보다 주식의 성격이 더 강하다. 사전에 정한 조건을 지키지 못하는 상황이 발생하면 보통주로 전환된다. 만기가 영구적이고 원리금 상환시 CoCo(후)보다 늦고, 보통주보다는 먼저 받는다. 그래서 신용등급이 CoCo(후)보다 한 등급 더 낮은 AA-이다.

④ **ICR** : 기업신용평가Issuer Credit Rating는 발행기업 자체의 채무상

환능력을 평가하여 제시하는 신용등급이다. 위 3가지는 발행된 채권의 신용등급이고, ICR은 기업의 신용등급이라고 이해하면 된다. 앞에서도 말했듯이 기업과 채권의 신용등급은 별개이다. 발행된 채권에 따라 기업신용등급과 채권의 등급은 달라질 수 있다.

⑤ **기업어음** : 단기채권의 신용등급은 A1이라는 의미이다.

평가개요

평가대상이 무보증사채 54-1, 54-2라고 나와 있는데 이번에 발행되는 채권을 의미한다. 이 신용평가서는 기업신용평가ICR가 아니고, 곧 발행될 채권에 대한 신용평가이다. 무보증사채로 발행이 되고, KB금융지주54-1, KB금융지주54-2가 채권 발행명이 된다. 여러가지 요소를 가지고 분석을 해보니 기업등급(ICR)과 동일한 AAA(안정적) 등급을 받았다. 국내 신용평가 등급으로는 최고 등급이다.

주요 재무제표

금융지주나 은행에서 중요하게 보는 재무비율들을 보여준다. 은행업에 대한 평가방법론을 살펴보면 이 재무비율들의 수치에 따라서 어떤 등급을 받을 수 있는지 객관적으로 확인해 볼 수 있다. 구체적인 재무비율에 대한 내용은 뒤에서 설명하겠다.

평정 논거

기업분석과 사업환경 분석을 토대로 왜 신용등급을 AAA로 부여했는지에 대한 이유를 설명해준다.

뒷장부터는 평정 논거를 뒷받침하는 내용 설명이 이어지는데 생각보다 자세하고, 내용이 충실하니 잘 읽어 보기를 권한다. 특히 '등급변동 요인'이라는 제목이 나오는데 이 부분을 한번 살펴보자.

회사채를 투자할 때 가장 중요한 부분이 신용등급의 변동 가능성을 예측하는 것이다. 회사채를 보유하고 있는데 신용등급이 상향되면 채권의 시장금리가 하락한다. 이때 채권을 매도하면 자본차익을 얻을 수 있다. 반대로 신용등급이 하락하면 시장금리가 올라서 자본 손실 가능성이 높아지고 원금 상환 가능성에도 영향을 주게 된다.

그렇다면, 신용등급의 상향 가능성은 어떻게 예상할 수 있을까? 바로 신용평가보고서의 등급변동 요인을 잘 살펴보면 가능하다. 신용평가회사에서 KB금융지주의 등급 하향변동요인으로 꼽은 사항은 그림 6-9처럼 3가지이다. 이 3가지 중 하나라도 발생하면 등급이 하락할 가능성이 있다. KB금융지주는 AAA등급으로 최고등급을 보유하고 있으므로 상향 변동 가능성은 없다. 수치들을 잘 살펴보면 등급하락에 대한 힌트를 얻을 수 있고 등급하락하기 전에 채권 매도를 통해 빠져나올 수 있다.

| 그림 6-9 · KB금융지주 등급변동 요인 |

하향 변동요인	• 주력 은행 자회사의 신용등급 하락 • 이중 레버리지 비율이 130% 이상으로 상승하거나 자본적정성이 크게 저하 • 정부 지원 가능성 약화에 따른 지주회사의 구조적 후순위성 심화

구분	3년 평균	연도별			
	2022~2024	2021	2022	2023	2024
이중레버리지비율(별도)(%)	108.2	118.8	110.4	106.7	107.5
BIS총자본비율(연결)(%)	16.1	15.8	16.2	16.7	16.4

04 회사채 투자 타이밍 포착하기

먼저 신용 스프레드에 대해 다시 알아보자. 신용 스프레드는 무위험 채권인 국채와 위험이 있는 회사채 간의 금리의 차이를 의미한다. 그림 6-10의 그래프는 이마트의 회사채 3년 금리, 국채 3년 금리, 두 금리의 차인 신용 스프레드를 보여준다. 시장의 금리는 코로나19 이후부터 21년 12월까지 꾸준하게 상승했다. 이 기간 동안 금리 상승폭은 상당히 컸다. 채권투자를 했다면 손실이 아주 큰 구간이다. 같은 기간 동안 국채보다 회사채 금리 상승폭이 더 커서 신용 스프레드가 크게 확대되었다. 이 기간 회사채를 들고 있었으면 금리 상승에 따른 손실뿐만 아니라 신용 스프레드 확대(0.962%)에 따른 손실까지 추가로 입게 된다.

| 표 6-5 · 이마트 회사채; 국채 금리 및 신용 스프레드(금리상승 시기) |

	21년 5월	22년 10월	금리 상승폭
이마트 3년 회사채	1.450%	5.770%	4.320%
국채 3년	1.102%	4.460%	3.358%
신용 스프레드	0.348%	1.310%	0.962%

| 그림 6-10 · 이마트, 국채 금리 및 신용 스프레드 그래프 |

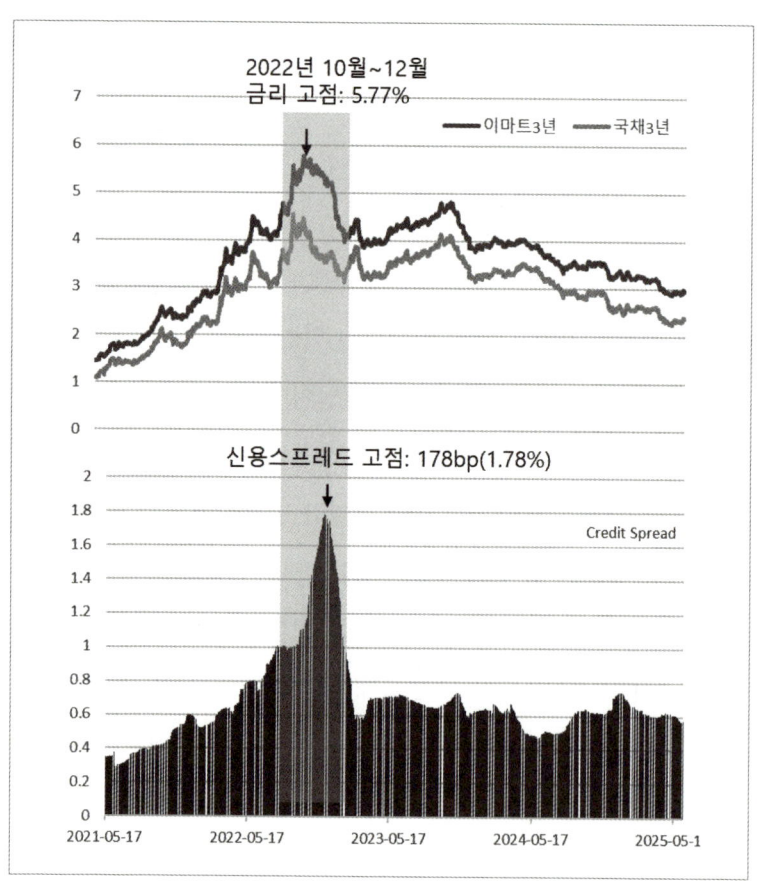

21년부터 인플레이션 우려가 심화되면서 기준금리를 인상하기 시작했다. 22년에만 기준금리를 6차례 인상하면서 시장금리가 급격하게 상승했다. 그런 와중에 22년 10월에 레고랜드 사태가 발생하면서 회사채에 대한 투자가 급격히 감소하게 되었고 그 결과 신용 스프레드가 큰 폭으로 확대되었다.

레고랜드 사태는 강원중도개발공사(강원도 산하 지방공기업)가 발행한 ABCP(유동화 기업어음) 2,050억 원에 대해 강원도가 지급보증을 거부하면서 사실상 채무불이행(디폴트) 상황이 발생한 것을 말한다. 지방정부 산하 공기업이 신용위험에 노출될 수 있다는 인식이 확산되면서 단기자금시장이 경색되고, 회사채 시장에 대한 불신 확대되었다. 우량등급 채권 발행도 쉽지 않았고, 저등급 채권은 거의 발행이 마비되는 큰 사건이었다.

하지만 이 시점이 채권, 특히 회사채에 투자하기 적기인 시점이다. 지방공기업의 개별적인 이슈로 인해 우량한 채권의 금리가 크게 올라 투자매력이 상승했다. 이후 정부는 채안펀드를 통해 회사채 및 CP 매입프로그램을 가동하고, 한국은행은 은행에 유동성을 공급해주는 등 신뢰회복을 위한 조치를 취하면서 시장은 급격히 안정화되었다. 이 시점에 이마트 회사채에 투자를 했다면 시장금리 하락에 따른 자본 차익과 신용 스프레드 축소에 따른 이익을 추가로 얻을 수 있었다.

| 표 6-6 · 이마트 회사채, 국채 금리 및 신용 스프레드(금리하락 시기) |

	22년 10월	23년 3월	금리 하락폭
이마트 3년 회사채	5.770%	4.288%	-1.482%
국채 3년	4.460%	3.712%	-0.748%
신용 스프레드	1.310%	0.576%	-0.734%

즉, 회사채에 대한 투자 타이밍을 잡기 위해서는 시장금리에 대한 예측, 신용 스프레드에 대한 예측이 모두 필요하고 이 둘을 잘 선택했을 때 높은 수익을 얻을 수 있다.

신용등급 상향 가능성이 있는 회사채 투자하기

회사채 투자를 위한 시장 타이밍을 잡았다면 이제는 어떤 채권에 투자해야 될까? 당연히 신용등급이 오르거나 최소한 신용등급이 하락하지 않을 채권에 투자를 해야 한다. 투자한 채권의 신용등급이 오르면 앞에서 말한 신용 스프레드가 축소되면서 추가적인 이익을 얻을 수 있다. 대한항공의 신용등급 추이와 금리 및 신용 스프레드 추이의 관계를 살펴보자. 채권신용평가사 사이트에서 대한항공 신용평가보고서를 다운받아 보면 그간의 신용등급 변동 추이를 간단하게 확인할 수 있다.

대한항공의 등급추이를 보면 짧은 기간동안 두 번의 신용등급 상승이 있었다. 23년 10월 BBB+(P)에서 A-(S)로 한 등급 상향되었

| 그림 6-11 · 대한항공 신용평가보고서상 등급 추이 |

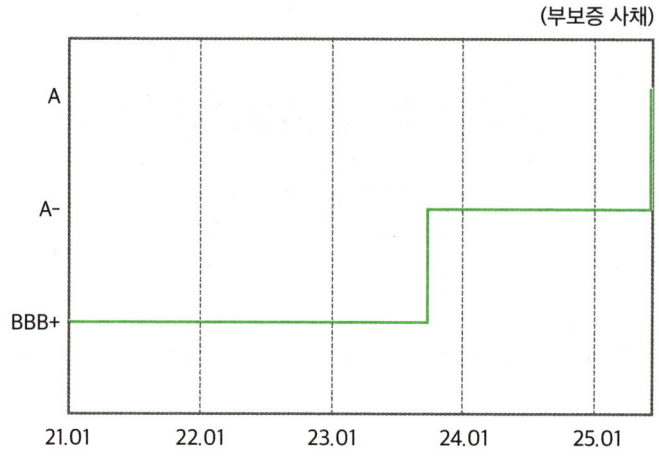

고, 25년 1월 등급 전망이 안정적Stable에서 긍정적Positive로 변경되고, 25년 5월에 신용등급이 A-(P)에서 A(S)로 다시 한번 등급이 상향되었다. 그 사이 금리 변화를 그래프로 한번 살펴보자(그림 6-12 참고).

그림 6-12를 보면 23년 10월 등급이 상향되면서 신용 스프레드가 급격 축소되는 모습을 확인할 수 있다. 회사채에서 BBB등급에서 A등급으로 올라온다는 것은 채무불이행 가능성이 상당히 낮아지는 신호로 볼 수 있어 신용 스프레드 축소의 폭이 커진다. 등급 상향 시점 이후에도 추가 등급 상향 가능성으로 신용 스프레드가 지속적으로 축소되는 모습을 볼 수 있다. 앞에서 설명했던 이마트

| 그림 6-12 · 대한항공 금리, 신용 스프레드 추이 |

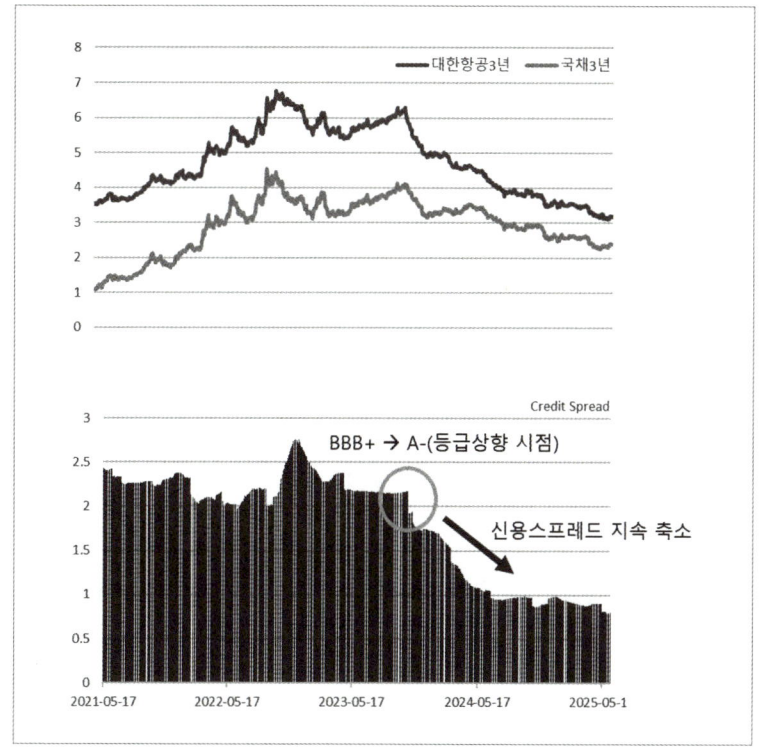

의 그래프와 비교를 해보면 금리 고점 이후 신용 스프레드 축소 폭이 대항항공은 크지 않았다. 이 당시의 신용 스프레드 축소는 우량 신용등급 위주로 발생했다고 추정할 수 있다. 대한항공은 신용등급이 상향되고 난 뒤부터 시간을 두고 신용 스프레드가 축소되었다.

채권신용평가회사에서 나오는 신용등급 공시를 잘 살펴보면서 등급전망의 변화, 신용등급의 변화 종목들을 확인하면서 어떤 회사

| 그림 6-13 · 한국기업평가 신용등급 공시 화면 |

채에 투자할지 골라볼 수 있을 것이다.

신용등급 공시를 보면 등급이나 등급 전망이 바뀔 때마다 평가의견과 함께 제시된다. 이 의견을 참고하여 등급이 오를 가능성이 있는 회사채에 투자할 수 있다. 사실 일반 투자자들이 신용등급 상향 기업을 찾기는 어려울 수 있다. 다만 신용등급 공시를 통해서 등급전망이 부정적Negative인 기업의 회사채 투자를 피하는 것만 해도 의미가 있을 것이다.

06 회사채 투자를 위해 알아야 할 필수 지표

일반 투자자들이 투자를 할 수 있는 회사채로는 크게 일반 회사채, 금융채, 기타금융채로 나눌 수 있다.

일반 회사채에서 중요한 지표

표 6-7은 에스케이에코플랜트(A-) 신용평가보고서에 나오는 주요 재무지표이다. 에스케이에코플랜트는 SK그룹의 건설 및 환경사업을 주력하는 기업이다.

| 표 6-7 · 에스케이에코플랜트 주요 재무지표 |

(단위 : 억 원, 배, %)

구분	2020(12)	2021(12)	2022(12)	2023(12)	2024(12)	2025(12)
매출액	87,115	61,738	75,509	89,251	93,176	26,105
EBIT	2849	1,160	1,570	1,745	2,347	570
EBITDA	3,147	2,089	3,254	4,517	5,704	1,478
당기순이익	1,054	2,481	6,380	-336	-959	508
총자산	61,784	77,555	133,216	149,160	168,557	173,274
총차입금	20,022	32,319	49,164	56,018	67,350	71,993
순차입금	11,271	20,602	32,577	42,901	49,630	55,469
EBIT마진	3.3	1.9	2.1	2.0	2.5	2.2
EBITDA마진	3.6	3.4	4.3	5.1	6.1	5.7
EBITDA / 금융비용	5.7	2.2	1.7	1.3	1.3	1.4
순차입금 / EBITDA	3.6	9.9	10.0	9.5	8.7	9.4
부채비율	432.1	420.9	256.0	236.8	233.0	240.8
차입금의존도	32.4	41.7	36.9	37.6	40.0	41.5

가장 윗줄부터 차례대로 나오는 매출액, EBIT(영업이익), EBITDA(감가상각전영업이익), 당기순이익은 손익계산서의 항목이다. 손익계산서는 기업의 1년 동안의 수익과 비용을 정리하여 손익을 계산해 놓은 표이다. 간략하게 나타낸 표는 다음과 같다.

매출액
(-)매출원가
매출총이익
(-)판매비와관리비
영업이익(손실)
(+)영업외수익
(-)영업외비용
법인세차감전순이익(손실)
(-)법인세
당기순이익(손실)

매출액은 기업이 제품이나 상품을 판매하고 얻은 대가를 의미한다. 보통 '매출액 = 판매가격 × 판매수량'으로 계산된다. 손익계산서에서 가장 위에 위치하고, 이 금액을 시작으로 각종 비용과 수익을 고려해 준다.

매출원가는 매출을 발생시키는데 소요되는 비용을 의미하는데, 기업이 영업활동을 하기 위해 생산한 제품과 상품의 기본원가로 계산한다. 기본원가에는 원재료비, 가공비, 생산공장의 인건비 등이 포함된다. 매출액에서 매출원가를 빼준 것을 매출총이익이라고 하고, 기업이 매출을 통해서 발생한 수익에 가장 기본적인 비용을 제하고 남은 이익을 의미한다. 매출총이익이 (-)라면 물건을 팔 때마다 기본원가도 감당하지 못하는 것으로 기업의 영속성에 큰 문제가 발생한 것으로 볼 수 있다.

EBIT(영업이익)은 매출총이익에서 판매비와관리비(판관비)를 차감해서 구한다. 판관비에서 매출원가에 포함되지 않은 인건비(보통 경영관리부서의 비용)와 퇴직금, 지급수수료, 판촉비, 감가상각비 등이 포함된다. '감가상각비'는 조금 어려운 개념이다. 기계장치 같은 비유동자산을 1년에 얼마를 썼는지를 계산해서 비용으로 측정하는 것으로 실제 현금이 유출되지 않지만 비용으로 인식한다. 영업이익은 손익계산서에서 중요한 항목으로 기업이 순수하게 영업활동으로 얼마나 벌고 있는지를 보여준다.

당기순이익은 좀 더 복잡하게 계산된다. 영업이익에서 영업외수익을 더해주고, 영업외비용을 빼주면 법인세차감전순이익이 계산된다. 영업외수익은 기업의 영업활동 이외의 수익으로 금융상품 등에서 발생한 이자수익(금융수익) 등이 있다. 영업외비용은 차입금에서 발생하는 이자비용(금융비용)이 대표적이다. 법인세차감전순이익은 기업의 세금을 계산하기 위한 기준이 되는 순이익이고, 이를 바탕으로 계산된 법인세를 차감하고 나면 기업의 당기순이익이 계산된다.

EBITDA(상각비차감전영업이익)은 영업이익에서 실제 현금 유출이 없었던 비용인 감가상각비를 더해준다. 기업에서 회계적인 이익이 아닌 실제 현금창출 능력을 계산하기 위한 것으로 채무불이행위험을 측정하기 위해서 특히 중요하게 생각하는 항목이다. 채무불이행은 차입금을 현금으로 상환하지 못하는 위험이므로, 기업의 실제 현금 유입이 어느 정도인지 파악하는 것이 중요하다.

총자산Total Asset은 기업이 보유한 모든 자산의 총합으로 유동자산과 비유동자산으로 구성된다. 총자산이 크다는 것은 재무적 여력도 크고 안정적일 가능성이 높으며 영업활동에 따른 현금흐름도 클 가능성이 높다.

총차입금Total Debt은 기업이 외부에서 조달한 이자 부채의 총합을 의미한다. 단기차입금, 장기차입금, 사채, 금융리스부채 등으로 구성된다. 총차입금이 클수록 재무부담이 높다는 것을 의미하고 채무불이행위험이 높아진다. 하지만 기업이 적정한 차입 수준을 유지하는 것이 기업가치를 높인다는 주장도 있다. 적정한 수준의 차입금을 유지하는 것이 중요하다.

순차입금Net Debt은 총차입금에서 현금성 자산(현금, 단기금융자산 등)을 차감한 금액을 말한다. 현재 있는 현금으로 차입금을 일부 상환한다고 가정했을 때 남는 차입금이고, 향후 채무상환을 위해 추가로 벌어 들어야 할 현금이 어느 수준인지 판단할 수 있는 지표이다. 현금이 많은 기업은 순차입금이 (-)인 경우도 있다.

EBIT마진은 매출과 영업이익의 관계로 다음과 같이 계산된다.

$$\text{EBIT마진(\%)} = \frac{\text{EBIT(영업이익)}}{\text{매출액}} \times 100$$

매출액 대비 영업이익의 수준이 어느 정도인지 계산된 수치이다. 일반적으로 이 비율이 높을수록 기업의 수익성은 좋다고 말한다. 업종별로 영업이익률은 차이가 있는데, 일반 제조업의 경우 15~20% 내외면 상당히 높은 편이다. IT기업이나 플랫폼 기업의 경우 영업이익률이 50%를 상회하기도 한다.

EBITDA마진은 매출과 EBITDA와의 관계를 나타낸다.

$$\text{EBITDA마진(\%)} = \frac{\text{EBITDA}}{\text{매출액}} \times 100$$

이 값이 클수록 매출액 대비 현금창출 능력이 우수하다고 판단할 수 있다.

EBITDA/금융비용은 기업이 부담하는 차입금의 이자비용 대비 얼마나 많은 현금을 창출하고 있는지를 나타낸다.

$$\text{EBITDA/금융비용(배)} = \frac{\text{EBITDA}}{\text{금융비용}}$$

계산된 값이 1보다 낮으면 기업은 현재 벌어들이는 현금으로 부채의 이자도 갚을 수 없는 상황으로 채무불이행 가능성이 높다고 할 수 있다. 일반적으로 3배이상은 되어야 정상적인 경영활동이 가능하다고 판단한다.

순차입금/EBITDA는 차입금과 현금창출 능력과의 관계이다. EBITDA로 차입금을 상환하는데 몇 년이 걸리는지 계산할 수 있다.

$$순차입금/EBITDA = \frac{순차입금}{EBITDA}$$

이 값이 작을수록 차입금에 따른 기업부담도 낮은 것으로 판단할 수 있는데 5배가 넘어가면 현금창출력 대비 차입금 수준이 과다하다고 볼 수 있다.

부채비율은 대표적인 기업의 재무 건전성 지표로 자기자본 대비 부채가 어느 정도인지 측정한다.

$$부채비율 = \frac{총부채}{자기자본} \times 100$$

100% 이하인 경우 차입금이 자기자본보다 낮아 재무 건전성이 양호하다고 판단하고 200% 이상이면 차입금이 과다하다고 판단한다.

차입금의존도는 총자산 중 차입금이 차지하는 비중을 의미한다.

$$차입금의존도 = \frac{총차입금}{총자산} \times 100$$

현재 기업의 자산을 형성하는데 외부차입에 어느 정도 의존하고 있는지를 나태내는 지표로 30%이상이면 차입금에 대한 의존도가 높다고 판단한다.

여러 재무비율들은 절대적인 기준이 있는 것이 아니고 각 기업이 속한 산업내에서 평균적인 수치와 함께 비교를 해야 정확하게 이해할 수 있다. 또한, 이런 재무비율들이 시간이 흐르면서 개선되는지 악화되는지를 예상할 수 있으면, 신용등급의 변화도 예측이 가능하다.

에스케이에코플랜트는 건설업과 환경사업을 영위하는 기업으로 매출, 자산규모는 업계에서 높은 수준으로 볼 수 있다. 다만 EBIT마진은 부진한 수준이나 EBITDA마진은 양호한 수준을 보이고 있다. 다만 EBITDA/금융비용이 1.4배로 낮고, 부채비율이 다소 높아 재무 건선정은 다소 열위한 수준이다. 차입금의존도는 40%대로 업종 평균대비 다소 높은 수준을 유지하고 있다. 평정논거도 '유동성 대응 능력은 우수하나, 과중한 차입 부담 감안시 주기적 모니터링 필요'로 판단하고 있다. 다만 SK그룹의 유사시 지원가능성을 신용도 보강 요인으로 보고 있는데 실제 채무불이행이 발생하더라도 그룹사의 지원이 있을 가능성이 높아 신용등급이 기업 자체 등급보다 한 등급 높게 부여되었다.

그림 6-14는 에스케이에코플랜트의 신용평가보고서상 신용등급 변동요인에 대한 설명이다.

| 그림 6-14 · 에스케이에코플랜트 신용평가보고서 등급변동요인 |

상향 변동요인	• 환경·에너지사업 성장 등을 통한 사업다각화 역량 제고 • EBITDA Margin ≥ 7, 순차입금/EBITDA ≤ 3.5
하향 변동요인	• 건설부문 수주성과 부진 등에 따른 수익성 악화 • 현금창출력 저하, 투자 확대로 인한 재무부담 가중 • EBITDA Margin < 3, 순차입금/EBITDA > 7

주) 상기 등급변동요인은 장기 신용등급 기준임

구분 (연결 기준)	3년 평균 2022~2024	연도별			
		2022	2023	2024	25.03
EBITDA Margin	5.2	4.3	5.1	6.1	5.7
순차입금/EBITDA	9.3	10.0	9.5	8.7	9.4

출처 : 한국기업평가

EBIDA마진이 7을 상회하고, 순차입금/EBITDA가 3.5보다 낮으면 등급이 상향될 가능성이 있다고 언급하고 있는데, 현재 두 기준이 크게 못 미치는 상황으로 상향가능성은 낮다고 판단된다. 오히려 EBIDA마진이 3 이하로 하락할 가능성이 있고, 이미 순차입금/

EBITDA가 7을 상회하므로 등급 하락 가능성이 있으므로 투자에는 조심할 필요가 있겠다. 다만 동일등급 대비 높은 금리를 준다면 SK그룹의 지원 가능성을 고려해 투자 의사결정을 할 수도 있겠다.

금융채에서 중요한 지표들

보통 금융채는 금융지주회사, 시중은행, 지방은행이 발행한 채권이 포함된다. 시중은행 중 국민은행의 신용평가보고서상 주요 재무지표를 살펴보자(표 6-8 참고).

일반 회사채에서 보던 재무지표와는 상당히 다르다. 은행은 대출금리와 예금금리의 차이가 주요 수익원으로 여기에 기반한 재무비율들을 나타낸다.

충당금적립전영업이익 Pre-Provision Operating Profit, PPOP은 은행의 본업으로 벌어들인 이익에서 충당금을 차감하기 전의 이익을 말한다. 충당금이란 미래에 발생할 수 있는 손실에 대비하여 미리 비용으로 처리하는 회계 항목을 말한다. 은행은 기업이나 개인들에게 대출을 해주는데 이중에 일부는 상환을 받지 못할 위험이 존재한다. 이를 통계적으로 추정하여 매년 미리 손실로 잡는데 이를 충당금이라고 한다. 따라서 충당금적립전영업이익은 은행의 영업활동을 통한 순

| 표 6-8 · 국민은행 신용평가보고서상 주요 재무지표 |

(단위 : 십억 원, %)

구분	2020(12)	2021(12)	2022(12)	2023(12)	2024(12)	2025(12)
총자산	422,126	464,773	500,343	512,373	543,596	549,393
자기 자본	30,460	32,618	33,554	36,215	37,346	36,693
충당금적립전 영업이익	3,780	3,999	4,965	5,697	5,844	1,634
당기순이익	2,267	2,563	2,908	3,001	3,074	961
대손준비금반영후 조정이익	2,237	2,283	2,837	3,385	3,102	899
총자산증가율	11.2	10.1	7.7	2.4	6.1	1.1
순이익마진(NIM)	1.5	1.6	1.7	1.8	1.8	1.8
총자산이익률(ROA)	0.6	0.6	0.6	0.6	0.6	0.7
고정이하여신비율	0.3	0.2	0.2	0.3	0.3	0.4
대손충당금/ 고정이하여신	165.2	225.3	259.4	225.6	202.5	168.9
BIS기준 총자본비율	17.8	17.5	17.5	18.1	17.3	17.5
총자산/자기자본(배)	13.9	14.2	14.9	14.1	14.6	15.0

출처 : 한국기업평가

수한 수익성을 보여주는 지표이다.

대손준비금반영후조정이익은 영업이익에서 충당금을 적립한 후 최종적으로 남는 순이익을 의미한다. 부실이 일부 발생하는 경우를 가정한 실질적인 이익의 수준이다.

총자산증가율은 전기 대비 총자산이 얼마나 증가했는지를 나타내는 성장성 지표이다. 일반 기업의 경우 매출액 증가율을 중요하게 생각하는데 은행은 대출자산을 늘리는 것이 주요한 영업활동이므로 총자산증가율이 회사의 성장성을 더 잘 나타내 준다.

$$총자산증가율(\%) = \frac{(당기\ 총자산 - 전기\ 총자산)}{전기\ 총자산} \times 100$$

순이자마진Net Interest Margin, NIM은 은행의 대출자산에서 유입되는 이자수익과 은행채 발행 등을 통해 조달한 부채에서 발생하는 이자비용의 차를 의미한다. 은행 본연의 영업활동에 따른 수익성의 효율성을 측정하는 지표로 금리환경, 예대금리차, 은행의 직접 운용자산 등에 영향을 받는다. 순이자마진이 높을수록 수익성이 높다.

$$순이자마진(\%) = \frac{(이자수익 - 이자비용)}{이자수익자산\ 잔액} \times 100$$

총자산수익률Return on Asset, ROA은 총자산 대비 순이익으로 계산된다. 일반 기업의 경우 자기자본대비 순이익ROE을 중요하게 생각하고 주식투자를 위해서도 이 지표를 더 중요하게 여기지만 은행의 경우는 총자산수익률을 좀 더 중요하게 생각한다. 앞에서 총자산증가율이 은행의 성장성을 더 잘 나타낸다고 했는데 총자산수익률이 은행의 수익성을 더 잘 나타낸다.

$$총자산수익률(\%) = \frac{당기순이익}{총자산} \times 100$$

고정이하여신비율은 은행에서 취급하는 대출자산의 건전성 분류 체계에서 고정이하로 분류되는 부실채권이 얼마나 있는지를 측정하는 지표이다. 은행의 여신(대출) 건전성 분류는 표 6-9와 같이 5단계가 있다.

| 표 6-9 · 은행 여신 건전성 분류 체계(5단계) |

구분	내용	비고
정상(Pass)	연체나 이상징후 없음	채무상환능력 우수
요주의(Special Mention)	연체 발생 가능성 존재 (1개월 미만 연체 등)	일시적 유동성 문제
고정(Substandard)	1개월 이상 연체, 상환능력 미흡	일부 회수 가능
회수의문(Doubtful)	3개월 이상 연체, 회수 가능성 낮음	회수 매우 불확실
추정손실(Estimated Loss)	회수 불가능하다고 판단	사실상 손실

은행의 대출자산 중 정상과 요주의를 제외하고 나머지 대출자산의 비율을 고정이하여신비율이라고 한다. 은행의 대출자산 중 부실채권이 얼마나 되는지를 직접적으로 알 수 있는 지표다. 보통 1% 이하면 우수하고, 2%이상이 되면 주의가 필요하다.

대손충당금/고정이하여신은 부실채권 대비 얼마나 충당금을 적립했는지를 나타내는 지표이다. 은행은 미래 부실이 발생할 것을 예상하고 매년 충당금을 쌓는데, 이 충당금과 실제로 발생한 부실과의 비율로 측정한다. 현재 은행의 부실채권의 손실흡수 능력을 나타내는데 100% 이상이면 발생한 부실채권 전액에 대해 대비를 하고 있고 이를 반영하더라도 수익에 미치는 영향은 미미하다. 충당금 커버리지 비율이라고도 하는데 높을수록 은행의 안정성이 높다.

BIS기준 총자본비율(BIS비율)은 위험가중자산 대비 자기자본의 비율을 의미한다. 은행이 보유하고 있는 자산별로 위험도에 따라 가중치를 다르게 하여 위험가중자산을 계산하고, 자기자본을 나눠서 계산한다. 만약 은행이 위험한 자산을 많이 가지고 있으면 이 자산들에 대한 가중치가 높아지고 위험가중자산의 규모가 커진다. 그럼 BIS비율이 하락하게 되므로 은행은 비율 개선을 위해 위험자산을 매각해야 한다. BIS비율은 전 세계적으로 통일된 은행의 건전성 규제 수단으로 우리나라 금융감독의 기준이 되는 비율이다. BIS비율이 8%미만으로 떨어지면, 금융당국의 규제가 들어오고, 증자를 요구하거나 리스크 축소가 요구된다. BIS비율이 특정 비율 밑으로 떨어지면 바로 신용등급 하락할 가능성이 높아진다. 이 비율이 15% 이상이면 매우 우수하다고 판단되는데 국내 시중은행들은 모두 15% 수준을 유지하고 있다.

$$\text{BIS기준 총자본비율(\%)} = \frac{\text{총자기자본}}{\text{위험가중자산}} \times 100$$

총자산/자기자본은 총자산이 자기자본의 몇 배인지를 나타낸다. 은행이 자기자본 대비 얼마나 많은 자산을 운용하고 있는지를 측정하고 이 수치가 높을수록 부채 의존도가 높다고 판단한다.

국민은행은 우리나라 1등 은행으로 충당금적립전영업이익, 대손준비금반영후조정익 모두 높은 수준을 유지하고 있고, 순이자마진도 개선 추세에 있다. 고정이하여신비율은 점차 증가하는 모습을 보이고 있으나 여전히 낮은 수준을 유지하고 있다. 충당급 적립비율도 높고, BIS비율도 안정적으로 유지하고 있어 최고 신용등급을 계속 유지할 가능성이 높다. 평정논거를 보면 '유사시 정부 지원 가능성'이라는 부분이 있는데 은행은 국가적으로 중요한 금융기관으로 위기가 발생할 경우 정부 지원 가능성이 높아 채무불이행 가능성은 거의 없다. 다만 일반 회사채 대비 금리가 낮다.

기타 금융채에서 중요한 지표들

기타 금융채에는 카드사, 캐피탈사가 속한다. 금융채에 속하는 기업들은 모두 외부에서 자금을 조달하여 본업을 영위하는 업체들로 개인과 법인에 대출을 해주면 은행, 신용카드업을 하면 카드사,

| 표 6-10 · MG캐피탈 신용평가보고서상 주요 재무지표 |

(단위 : 억 원, %)

구분	2019(12)	2020(12)	2021(12)	2022(12)	2023(12)	2024(12)
총자산	23,588	24,500	36,910	41,871	36,624	25,724
영업자산	19,315	17,200	25,781	28,259	21,943	14,352
자기 자본	4,169	4,856	5,135	6,107	6,164	5,216
충당금적립전 영업이익	616	657	947	890	1,204	713
대손비용	269	362	401	154	762	1,411
당기순이익	276	213	432	580	333	-726
총자산증가율	-1.7	3.9	50.7	13.4	-12.5	-29.8
ROA (총자산순이익률)	1.2	0.9	1.5	1.4	0.8	-2.3
1개월이상연체율	3.5	2.7	1.3	1.9	3.2	6.8
고정이하여신비율	5.3	5.5	2.6	1.9	3.9	11.0
총자산/자기자본(배)	5.7	5.0	7.2	6.9	5.9	4.9
레버리지배율(배)	5.7	5.0	7.2	6.9	5.9	4.9
단기차입의존도	27.4	41.4	18.6	14.0	6.3	24.6
1년이내 만기도래 자산/부채	124.5	114.8	154.8	104.4	104.7	126.4
적용재무제표	개별/별도	개별/별도	개별/별도	개별/별도	개별/별도	개별/별도

출처 : 한국기업평가

대출이나 할부리스 사업을 하면 캐피탈로 분류된다. 이들 금융채는 외부 자금 조달이 많기 때문에 회사채 발행액도 크다. 따라서 일반 투자자들이 쉽게 접할 수 있는 기업들이므로 중요한 재무비율들을 잘 알아 두면 투자하기에 좋다. 표 6-10은 MG캐피탈(A-) 신용보고서상 주요 재무지표이다. 중요하게 생각하는 지표들이 은행과 거의 유사하다. 여기서는 은행에서 언급하지 않았던 지표들 위주로만 살펴보겠다.

대손비용은 대출 및 할부금융 등의 채권에서 손실 가능성이 있는 금액을 올해 충당금으로 인식한 비용을 의미한다. 대손충당금적립금과 동일한 의미이다. 손익계산서상 비용을 잡히고, 당기순이익에 영향을 준다. 위험한 대출 비중이 높을수록 대손비용이 커지는데 지나치게 높아지면 재무 건성성에 문제가 발생한다. 최근 부동산 경기 침체로 대손비용이 높아지고 있는데 과거부터 현재까지의 추세를 잘 파악하는 것이 중요하다.

1개월이상연체율은 총여신금액(대출금액)에서 1개월(30일) 이상 연체된 여신금액 비중을 나타낸다.

$$1개월이상연체율(\%) = \frac{1개월이상\ 연체된\ 여신금액}{총\ 여신금액} \times 100$$

캐피탈사는 자동차할부, 개인금융, 중금리 대출 등 은행에 비해

고위험군 고객의 비중이 높기 때문에 연체율이 자산건선성을 판단하는 중요한 지표로 작용한다. 1개월 이상의 연체는 조기부실의 징후로 이후 고정이하여신으로 전이 가능성이 높다. 보통 2%이하를 양호한 수준으로 보고, 5%이상이면 부실확대 우려가 있어 위험관리가 필요하다고 판단한다.

레버리지배율Leverage Ratio은 총자산을 자기자본으로 나눠서 구한다. 캐피탈사는 부채를 지렛대 삼아 자산을 늘리는 사업을 하는데 이를 레버리지라고 한다. 여신전문금융업법상 캐피탈사는 레버리지배율이 10배까지 허용되지만 그보다 낮은 수준을 유지한다. 이 비율이 높다는 것은 부채를 많이 사용한다는 의미이므로 재무 건전성이 저하될 가능성이 크다. 또한 자산 대비 자기자본이 적다는 의미도 되므로 위기 발생시 손실의 자본흡수력이 부족하다고 판단한다.

$$레버리지배율(배) = \frac{총자산}{자기자본}$$

단기차입금의존도는 기업이 단기자금 조달의 의존도가 얼마나 되는지 보여주는 대표적인 유동성 지표 중 하나이다. 특히 캐피탈사의 경우 단기 자금시장에서 조달의 비중이 높은데 이 비율이 높으면 단기금융시장 경색이 발생하면 기업의 유동성 위험으로 바로 전이가 된다. 단기로 차입하는 것이 조달금리가 낮아 비용측면에서 유리하지만 너무 높으면 유동성에 문제가 발생하기가 쉬우므로 적정한 수준을 유지하는 것이 중요하다.

$$단기차입금의존도(\%) = \frac{단기차입금}{총차입금} \times 100$$

1년이내 만기도래 자산/부채 비율은 자산과 부채의 만기 미스매칭이 얼마나 되는지 측정하는 지표이다. 단기에 만기가 도래하는 자산이 많으면 1년이내 만기도래하는 부채 상환을 걱정할 필요가 없다. 이 비율이 100%이상이면 단기 상환능력이 우수하다고 판단하고 100% 이하가 되면 단기 유동성 리스크가 존재하므로 만기관리가 필요하다.

$$1년이내\ 만기도래\ 자산/부채비율(\%) = \frac{1년이내\ 만기도래\ 자산}{1년이내\ 만기도래\ 부채} \times 100$$

MG캐피탈의 주요 재무지표를 살펴보면 여러 문제들이 감지된다. 자산증가율이 23년부터 마이너스를 보이고 있어 본업에서 역성장을 하고 있는 중이고 24년에는 ROA도 마이너스로 돌아섰다. 특히 재무 건전성 지표들인 1개월이상연체율, 고정이하여신비율이 급등해 위험이 커지고 있다. 이런 추세라면 가까운 시기에 신용등급이 하락할 가능성이 높다. 하지만 이상한 점은 등급전망이 긍정적(Positive)이다. A-(P)를 받고 있는데, 가장 큰 이유는 MG캐피탈이 새마을금고MG로 인수되었기 때문이다. 새마을금고는 정부의 관리를 받는 금융기관으로 시중은행과 비슷한 신용도를 보유하고 있다. MG캐피탈은 이전 대주주의 문제로 재무지표들이 모두 하락했으나 새마을금고 산하의 기업으로 편입되면서 신용도의 급격한 개선이 예상되므로 오히려 신용등급 상향 가능성이 높아졌다. 회사채를 투자할 때는 단순 재무지표 분석만으로 의사결정을 하면 안 되고, 발행기업의 사업성 및 기업환경의 변화요소들도 잘 살펴봐야 한다. MG캐피탈은 과거의 문제로 금리가 상당히 높은 상황이었지만, 지배구조 변화로 등급 상향 가능성이 높아졌으므로 투자하기 좋은 기업이 되었다.

✅ ESG채권이란? CHECK

ESG채권은 환경Environment, 사회Social, 지배구조Governance 개선을 위한 목적으로 발행되는 채권이다. 전 세계적으로 유행 중인 지속가능한 금융 Sustainable Finance의 핵심적인 도구로 각광받고 있다. ESG채권은 발행목적에 따라 녹색채권, 사회적채권, 지속가능채권, 지속가능연계채권으로 구분된다.

- 녹색채권Green Bond(그린본드) : 신재생에너지 등 친환경 프로젝트나 사회기반시설에 투자할 자금을 마련하기 위해 발행되는 채권이다. 전기차 인프라 구축, 태양광이나 풍력발전, 수질관리 등을 위해 주로 발행된다. 예를 들어 한국전력에서 신재생에너지 전력망 연결 인프라 구축을 위해 발행했다.

- **사회적채권Social Bond(소셜본드)** : 사회적 가치 창출 사업에 투자할 자금을 마련하기 위해 발행된다. 사회적 취약계층을 지원하거나 복지 향상을 위한 재원 마련을 위해 주로 발행된다. 한국주택금융공사에서 보금자리론 등 서민/중산층 주택금융 지원을 위한 재원을 마련하기 위해 발행했다.

- **지속가능채권Sustainability Bond** : 환경 친화적이고, 사회적 가치도 창출하는 사업에 투자할 자금을 마련하기 위해 발행되는 채권이다. 그린본드나 소셜본드를 합쳐 놓은 느낌으로 보면 된다. SK에너지에서 노후 설비 교체를 통한 온실가스 감축(친환경), 지역사회 인프라 개선 및 일자리 창출(소셜)을 위해 발행한 사례가 있다.

기업들은 ESG채권을 발행함에 따라 기업이미지가 제고되고, ESG투자자들로부터 자금조달을 쉽게 할 수 있다. 조달 금리도 낮출 수 있고, 기업가치 증진에도 도움이 될 수 있다. 사회적으로도 그린 프로젝트에 대한 활성화를 통해 온실가스 감축, 지구 온난화 방지 등 환경보호에 이바지할 수 있고 사회, 경제적 문제 개선에도 기여할 수 있다.

이런 장점 때문에 국내에서 ESG채권이 활발하게 발행되었으나 ESG채권의 금리가 일반 채권 금리보다 낮다고 볼 수는 없다. 오히려 ESG채권이 아닌 채권들의 금리가 올라가는 현상이 나타났는데, 대표적인 채권이 삼척블루파워라는 종목이다. 삼척블루파워(A+, 안정적)는 포스코 그룹의 발전 자회사로 석탄화력 발전소를 운영한다. 대표적인 탄소배출 산업으로 ESG투자자들이 투자를 하지 않게 되면서 금리가 큰 폭으로 올랐다. 대기업 계열사임에도 불구하고 동일 등급의 회사채 대비 2%이상 높은 금리에 거래된다. 일반 투자자 입장에서 거꾸로 생각해본다면 우량한 기업의 회사채를 높은 금리로 매수할 수 있는 좋은 기회로 볼 수도 있겠다.

CHAPTER 7

다양한 실전 투자

다양한 채권에 대한 투자가 이번 챕터에 안내되어 있으니, 잘 읽어보고 본인의 투자 스타일에 맞게 투자해보자. 채권지수를 기초자산으로 묶어 펀드 성격을 가지고 주식시장에서 사고파는 채권ETF가 있다. 그리고 RP나 CP같은 단기채권도 있고, 기본적 채권에 파생상품 요소를 결합한 구조화 채권도 있다. 증권회사에 계좌가 있다면 한 번쯤 들어봤을 CMA나 MMF도 단기채권에 투자하기 위한 운용 운용 수단도 있다. 많은 사람들은 실생활에서 알게 모르게 채권투자를 하고 있다.

01
장내 채권투자하기
(증권사 MTS)

　채권시장은 기본적으로 장외시장이다. 채권은 발행기업별로 발행일, 만기 등 조건이 다르면 모두 다른 종목으로 분류된다. 하나의 기업이 엄청 많은 수의 종목을 가지게 되므로 전체 채권의 종목은 너무나 많다. 따라서 주식처럼 거래소에서 심플하게 매매를 할 수 있게 만들기가 힘들다. 그래서 채권시장이 생겼을 때부터 채권은 장외에서 채권 브로커를 통해 기관 간에 거래가 이루어져 왔다. 하지만 특정한 종목들은 주식처럼 거래되기도 하는데 이를 장내채권이라고 한다. 다음은 미래에셋증권의 MTS에서 장내채권을 매매하는 방법이다.

　그림 7-1에서 [메뉴]-[채권]-[장내채권 찾기]를 차례로 선택을

| 그림 7-1 · 미래에셋증권 MTS 장내채권 매매 화면 |

하면 장내로 매매할 수 있는 채권의 목록이 나온다. 내역에서 맘에 드는 채권을 선택하면 주식의 호가창과 동일한 모습의 화면을 볼 수 있다. 그림 7-1은 삼척블루파워라는 종목의 매매창이다. 매수/매도 가격과 그 가격에 매매하려고 하는 수량이 나오는 모습이 주식 호가창과 거의 동일하다. 다만 주식과 다른 점은 가격과 수량 옆에 금리가 같이 표시된다는 점이다. 여러 번 이야기했듯이 채권의 가격과 금리는 동일하다. 그래서 금리가 같이 표시가 되고, 이 금리를 보고 매매하는 것이 채권에서는 더 쉽고 직관적으로 수익을 계산할 수 있다. 채권 장내매매는 종목에 따라 매수/매도 호가가 없거나 아주 적은 종목들도 많다. 거래량이 좀 있는 종목을 골라서 매매하는 것을 추천한다.

02
채권 ETF
투자하기

    ETF^{Exchange Traded Fund}(상장지수펀드)는 주가지수나 채권지수 등 특정 지수를 추종하는 전략을 사용하는 펀드인데 증권시장에 상장되어 거래가 가능한 펀드이다. 보통 우리가 가입하는 자산운용사의 펀드는 주식시장에서 사고 팔 수가 없지만 ETF는 펀드 성격을 가지면서 일반 주식처럼 거래소에서 사고 팔 수 있는 것이 특징이다. 어떤 지수를 추종하는지(기초자산)에 따라 주식, 채권, 원자재, 통화, 레버리지, 인버스, 액티브 등으로 나뉜다. 채권형 펀드에 비해 유동성이 높고 소액으로 분산투자가 가능한 장점이 있다.

    채권 ETF는 채권지수를 기초자산으로 하는 ETF로 금리 변동에 따라 가격이 실시간으로 변동되고, 일정한 배당금(이자)을 지급하기 때문에 안정적인 현금흐름을 기대할 수 있다. 크게 국채지수를 추종하는 ETF와 회사채지수를 추종하는 회사채 ETF가 있다. 그리고 요즘 많이 투자하는 미 국채 ETF도 여러 종류 거래되고 있다.

| 표 7-1 · 채권 ETF 종류(2024년 9월 기준) |

국내 채권 ETF	순자산(억 원)
KODEX 머니마켓액티브	47,894
TIGER KOFR금리액티브	34,725
KODEX 종합채권(AA-이상) 액티브	28,755
KODEX 단기채권PLUS	16,704
SOL 종합채권(AA-이상)액티브	7,956
ACE 종합채권(AA-이상)KIS액티브	7,590
KODEX 단기채권	6,905
SOL 초단기채권액티브	5,835
KODEX 국고채30년액티브	5,347
TIGER 단기채권액티브	5,210
KODEX 국고채3년	4,746
KIWOOM 국고채10년	4,115
PLUS 머니마켓액티브	3,701
PLUS 종합채권(AA-이상)액티브	3,710
KIWOOM 종합채권(AA-이상)액티브	3,654
KIWOOM 머니마켓액티브	3,119
KODEX 국고채10년액티브	3,195
KODEX 장기종합채권(AA-이상)액티브	1,559
SOL 국고채10년	1,200

해외 채권 ETF	순자산(억 원)
ACE 미국30년국채액티브(H)	19,339
TIGER 미국30년국채커버드콜액티브(H)	12,253
KODEX 미국30년국채타겟커버드콜 (합성 H)	5,171
RISE 미국30년국채엔화노출(합성 H)	4,113
KODEX 미국30년국채액티브(H)	3,523
KODEX 미국30년국채울트라선물	2,978
SOL 미국30년국채커버드콜(합성)	2,180
TIGER 미국단기달러채권액티브	6,478

가장 규모가 큰 'KODEX머니마켓액티브' 채권 ETF 이름을 먼저 살펴보면 가장 앞에 나오는 KODEX는 특정 운용사에서 운용하는 ETF 브랜드를 의미한다. KODEX는 삼성자산운용에서 운용하는 ETF 브랜드이다. 우리나라에서 삼성자산운용의 규모가 가장 크다. 표 7-2를 참고하자.

그 다음에 나오는 '머니마켓'이라는 것은 단기채권을 의미한다. 보통 금융시장에서 머니마켓Money Market은 초단기채권, CD, CP 등의 상품이 거래되는 시장을 말한다. 듀레이션이 3개월 정도로 짧은 시장이다. 'KODEX머니마켓액티브'라는 이름은 삼성자산에서 운용하는 단기채권 ETF라는 뜻이다.

채권시장에서 3년이나 10년 만기 국채를 매수하고 싶을 때 직

| 표 7-2 · ETF브랜드별 운용사 |

브랜드	운용사	종목 수	순자산(억 원)
KODEX	삼성자산운용	197	614,503
TIGER	미래에셋자산운용	193	575,385
RISE	KB자산운용	112	121,347
ACE	한국투자신탁운용	86	114,669
SOL	신한자산운용	47	48,306
KIWOOM	키움투자자산운용	63	38,068
PLUS	한화자산운용	63	34,499
HANARO	NH아문디자산운용	52	18,749
1Q	하나자산운용	6	7,475
TIMEFOLIO	타임폴리오자산운용	11	6,423

접 채권을 매수하지 않고 KODEX국고3년 ETF나 KIWOOM국채10년 ETF를 사면 동일한 효과를 볼 수 있다. 그림 7-2는 국고채 10년 금리와 KODEX국고채10년 가격의 움직임이 거의 동일함을 나타낸다.

개인 투자자의 경우 ETF에 투자하는 것이 국고채 10년을 장내 시장에서 매수하는 것보다 훨씬 쉽다. 주식시장에 상장되어 있으므로 증권사 MTS에서 주식을 거래하는 방법과 동일하다.

| 그림 7-2 · 국고채 10년 VS KODEX국고채10년 |

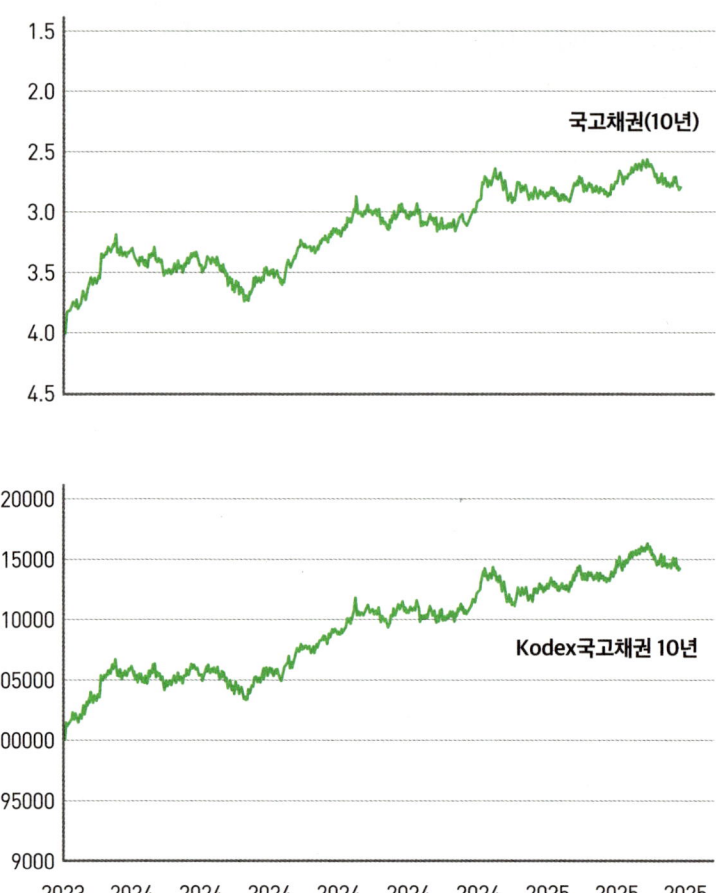

개인투자용 국채
투자하기

개인투자용 국채는 2024년 국채시장 수요 다변화와 가계의 안전자산 투자 기회 확대를 위해 기재부에서 새롭게 설계한 상품이다. 코로나 이후 국채 금리가 급등하면서 개인들도 안전자산에 직접 투자할 수 있도록 개인전용 국채를 신설하고, 발행물량도 별도로 배정했다.

발행조건은 표 7-3과 같다.

개인투자용 국채의 가장 큰 장점은 발행 시점의 국채 금리에 추가로 가산금리를 준다는 점이다. 단, 만기까지 보유해야 복리 이자에 추가로 가산금리의 효과를 볼 수 있다. 이 효과를 감안했을 때 만기투자 시 총 수익률은 5년 16.08%, 10년 39.47%, 20년 98.90%이

| 표 7-3 · 개인투자용 국채 발행조건 |

항목	내용
발행일	2025년 7월
발행대상	개인투자자(법인, 기관 매수 불가)
발행규모	1,400억(5년 900억 원, 10년 400억 원, 20년 100억 원)
만기, 가산금리	5년 : 3.030%(국채 5년 금리 + 가산금리 0.375%)
	10년 : 3.385%(국채 10년 금리 + 가산금리 0.500%)
	20년 : 3.500%(국채 20년 금리 + 가산금리 0.675%)
이자지급	할인채(이자지급 없음)
투자시 혜택	만기 보유시 복리 이자 + 가산금리, 분리과세

다. 예를 들어 20년 국채에 100만 원을 투자했다면, 만기 시에 199만 원을 받는다. 투자 원금 두 배의 수익을 안정적으로 얻는다. 동일하게 100만 원 투자 시 5년은 116만 원, 10년은 139만 원을 얻는다. 생각보다 수익률이 높아 보일 수 있지만 20년의 긴 시간을 고려하면 그렇게 높은 수준은 아니다. 하지만 장기로 안정적인 투자처를 찾는 투자자라면 적합한 상품이다. 다만 채권을 매수하고 나면, 만기 전에 매도할 수가 없다. 1년이 지난 시점부터 국가에서 중도상환을 지원해 주는데, 만기 전에 중도상환을 하면 금리변동에 대한 자본 차익은 없고, 복리효과와 가산금리도 없다. 투자기간만큼 국채금리를 적용(단리)한 이자금액을 원금에 더해 상환해 준다.

현재 개인용 국채는 미래에셋증권에서만 판매하고 있다.

| 그림 7-3 · 개인투자용국채 청약화면 |

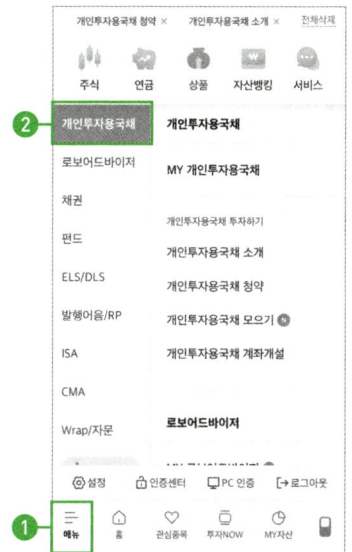

그림 7-3에서 [메뉴]-[개인투자용 국채]-[청약] 탭을 차례로 선택하면 개인용 국채를 살 수 있다. 청약이라는 용어에서 알 수 있듯이 바로 채권을 매수하는 것이 아니다. 청약이 가능한 날짜에 금액을 신청을 하고, 경쟁률에 따라서 배정받는 형태이다. 지금까지 경쟁률이 높지는 않았지만 목표하던 금액은 모두 모집이 되었다.

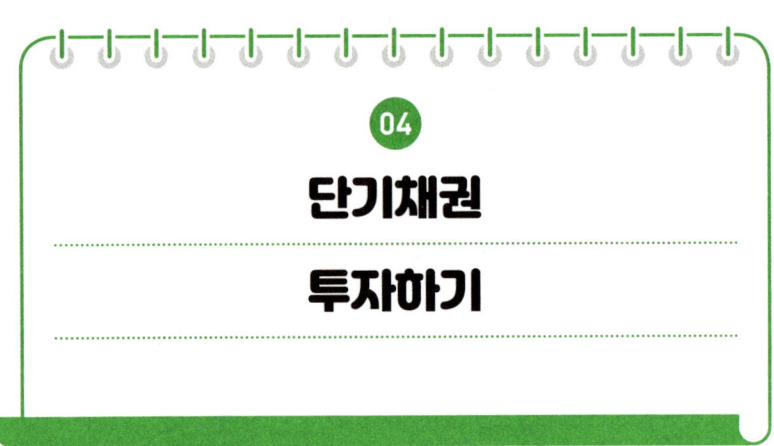

04 단기채권 투자하기

발행어음

발행어음은 증권사가 자금을 조달하기 위해 정해진 금리로 1년 이내로 발행하는 단기어음을 말한다. 자기자본 4조 원 이상이고 초대형 투자은행IB으로 선정된 증권사들만 자신들의 신용으로 자기자본의 200%까지 발행어음을 통해 자금을 조달할 수 있다. 현재 발행어음으로 조달이 가능한 증권사는 한국투자증권, 미래에셋증권, NH투자증권, KB증권이다. 발행어음은 증권사 중에서 가장 우량한 증권사들만 발행 가능하므로 디폴트 가능성이 상당히 낮다. 3개월 만기로 주로 발행되는데 금리는 비슷한 등급의 회사채 대비 높은 편이기 때문에 단기 투자에 적합한 상품이다.

RP(환매조건부 채권)

앞장에서 한국은행이 단기에 유동성을 조절하기 위해 RP를 이용한다고 설명했었다. 이때 RP를 대기관 RP라고 하고, 이번에 설명하는 것은 대고객 RP라고 한다. 여기서 설명하는 RP의 개념은 동일하다.

환매조건부채권이란 미래의 특정 시점에 특정가격으로 동일한 증권을 반대방향으로 매수 및 매도할 것을 약정하고 이루어지는 증권의 매매를 말한다. 쉽게 설명해서, 내가 가지고 있는 채권을 현재 10,000원에 팔면서 이 채권을 7일 뒤에 10,002원에 다시 사주겠다고 약속하는 거래이다. 증권사가 발행하는 RP는 증권사가 일정기간이 지난 뒤 금리를 더해서 되사주는 조건으로 발행된 채권이다. 증권사는 보통 국채, 통안채 등 우량채권을 담보로 제공하고 짧은 기간 고객의 여유자금을 빌려 필요 자금을 충당한다.

RP는 발행어음과 동일하게 증권사의 신용으로 발행하지만 차이점은 담보의 유무이다. 발행어음은 증권사의 신용으로만 발행하지만 RP는 거래의 안정성을 위해 우량채권을 담보로 제공한다. 발행어음은 증권사가 망할 경우 돈을 받기 힘들지만 RP는 담보로 제공된 국채 등을 매각해서 원금을 회수할 수 있다. 따라서 RP금리는 발행어음보다 금리가 다소 낮다. 주로 3개월 이내로 발행한다.

발행어음과 RP는 카카오뱅크나 토스에서 쉽게 매수할 수 있다. 현재 카카오뱅크는 한국투자증권의 발행어음만 매수 가능하지만 토스는 KB증권의 발행어음, 하나증권의 RP 등도 매수할 수 있다.

| 그림 7-4 · 카카오뱅크 발행어음, RP 투자화면(좌) 토스 발행어음, RP 투자화면(우) |

CP(Commercial Paper, 기업어음)

기업들은 자금 조달을 위해 채권을 발행하는데 1년 이내로 조달할 때는 절차가 간편한 CP를 주로 발행한다. 앞에서 설명한 발행어음과 동일한데 다만 증권사에서 발행하면 발행어음, 기업이 발행하면 기업어음, CP라고 한다. 넓은 의미로 단기채권으로 분류하기도 한다. 증권이나 채권은 자본시장통합법의 적용을 받아 발행을 위한 필수 절차들이 필요한데 CP는 상법의 어음법을 적용 받기 때문에 발행 절차가 간단하다. 기업이 CP 발행을 위해서 이사회 결의 없이 대표이사 직권으로 발행이 가능하고 증권신고서 제출 의무도 없어 신용도가 다소 낮은 기업들이 선호한다. 보통 1년 이내로 발행이 되지만 일부 금융사들은 장기 CP로 5년 만기로 발행하기도 했었다.

CP는 발행하기는 쉽지만 투자자가 투자하는데 제약이 몇 가지 따른다. 일단 CP는 발행할 때 실물로 발행되어 분실의 위험이 있다. 기업이 총 10억 원을 조달하기 위해 CP를 발행하면, 1억 원씩 10장의 CP로 발행할 수 있다. 이때 1억 원을 권종금액이라고 하는데 CP 거래는 권종금액 단위로만 거래를 할 수 있다. 소액으로 투자가 어렵다는 말이다. 또 시장에 매각을 할 때도 권종금액으로 해야 하므로 유동성이 다소 떨어진다.

이런 단점을 해결하기 위해 전자단기사채(전단채)를 도입했다. 발행절차를 CP처럼 간소화하되 전자방식으로 발행하여 실물을 없애고, 권종에 따른 제한도 없앴다. 투자자 입장에서는 기업의 단기채에 투자하기가 좀 더 쉬워졌다. CP나 전단채는 각 증권사 MTS나 HTS에서 매매할 수 있다(1장에서 장외채권 매매 방법을 참고하자).

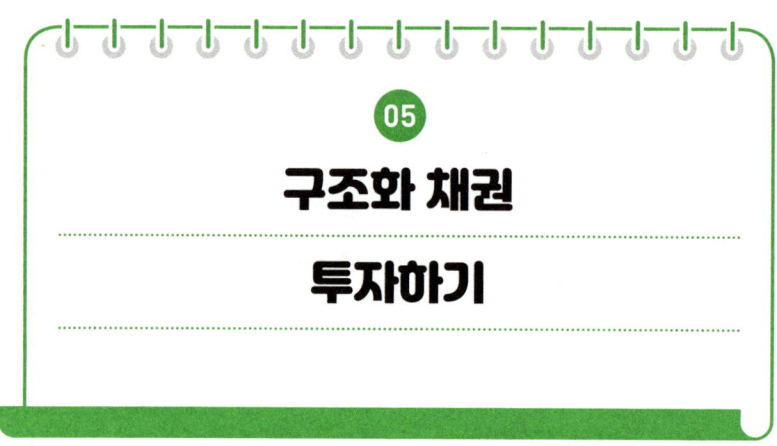

05 구조화 채권 투자하기

　구조화 채권Structured Bond은 기본적인 채권에 파생상품 요소를 결합한 채권으로 투자자의 다양한 니즈를 만족시키기 위해 다양한 방법으로 설계한 금융상품이다. 어떻게 구조화를 하느냐에 따라 위험은 낮추고 수익을 강화할 수도 있고, 원금을 보장하는 형태로 만들 수도 있다.

유동화단기사채(ABSTB) 혹은 유동화기업어음(ABCP)

구조화 채권 중에 일반 투자자들에게는 생소할 수 있지만 최근 많이 언급되는 상품이 유동화단기사채ABSTB 혹은 유동화기업어음ABCP이다. 기초자산인 채권이 있고, 이를 신용보강 등을 통해 위험은 낮추고 상대적으로 높은 금리를 제공한다. 증권사에서 많이 발행하고 있는 부동산 개발을 위한 프로젝트 파이낸싱 대출PF Loan을 기초자산으로 유동화단기사채나 유동화기업어음을 발행하는 예를 한 번 알아보자.

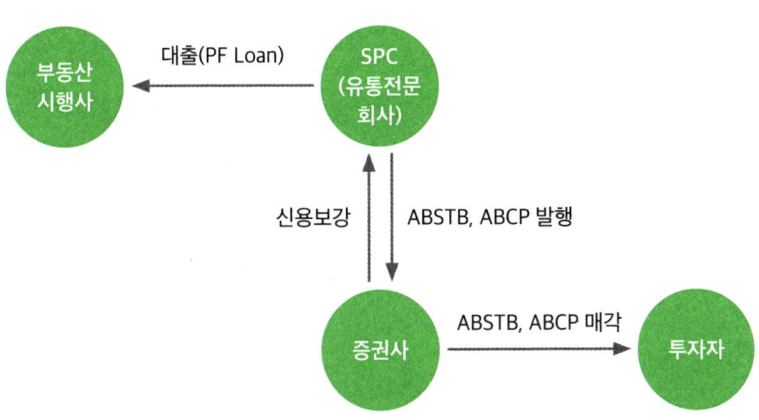

| 그림 7-5 · PF 유동화증권 구조도 |

부동산 투자 프로젝트를 주도적으로 진행하는 곳으로 시행사라는 곳이 있다. 시행사는 부동산 개발을 하기 위한 토지를 가지고 있고, 이를 개발하기 위한 사업계획을 진행하는 주체이다. 그런데 대규모 부동산 개발을 위해서는 자금이 필요한데 이 자금을 유동화를 통해 투자자들에게 조달 받는다. 먼저 유동화를 위해서 SPC라는 특

수목적의 페이퍼 컴퍼니를 설립하고 이 SPC를 통해서 시행사에게 대출을 제공한다. 대출 재원을 마련하기 위해 SPC는 유동화전자단기사채를 발행하고 증권사가 이를 인수해 준다. SPC 유동화 업무를 위해 만든 단순한 페이퍼 컴퍼니로, 신용등급이 나올 수가 없다. 신용등급이 있는 유동화전자단기사채로 만들기 위해서 증권사는 자기의 신용을 제공해서 신용을 보강해 준다. 그렇게 발행되는 유동화단기사채는 증권사의 등급을 가지고 발행이 되고, 이를 일반 투자자에게 매각해서 자금을 조달하게 된다.

SPC가 발행하는 채권은 주로 3개월 이내의 단기로 발행되기 때문에 전자단기사채나 기업어음으로 발행된다. 전자단기사채로 발행되면 유동화단기사채라고 하고, 기업어음으로 발행이 되면 유동화기업어음이 된다. 그런데 기초자산인 PF 대출의 만기는 3년 이상으로 3개월 ABSTB로 조달을 하고, 3개월 이후에 다시 ABSTB를 발행하면서 만기 불일치를 조정해 나간다. 즉, 3개월로 발행된 ABSTB를 만기시점에 상환하기 위해서 상환시점에 다시 ABSTB를 발행하게 되는데, 이를 차환이라고 한다. 투자자는 3개월 뒤에 이 유동화증권의 차환이 잘 될 수 있을까 걱정하게 되는데, 이 차환이 잘되도록 약속하는 곳이 신용을 보강하는 증권사가 되고, 따라서 신용등급도 증권사의 등급으로 부여가 된다.

유동화단기사채는 증권사 MTS를 통해서 간단하게 매수할 수 있는데, 증권사에서 거래되고 있는 유동화단기사채를 한번 확인해보

자. 대부분의 증권사 MTS에서 '금융상품-채권'으로 찾아보면 쉽게 찾을 수 있다.

키움증권 MTS에서 현재 매각하고 있는 '엠에스울산제일차'라는 이름의 유동화단기사채를 찾을 수 있다. 신용등급은 A1이고, 세전 수익률은 3.15%, 세후는 2.66%이다. 만기까지 잔존일수는 22일이고, 매수단가는 99,810,137원이다. 전자단기사채는 최소 매수금액이 1억 원인데, 원금 1억 원을 할인채로 계산한 금액이 99,810,137원이다.

| 그림 7-6 · 키움증권 MTS 단기사채 매수화면 |

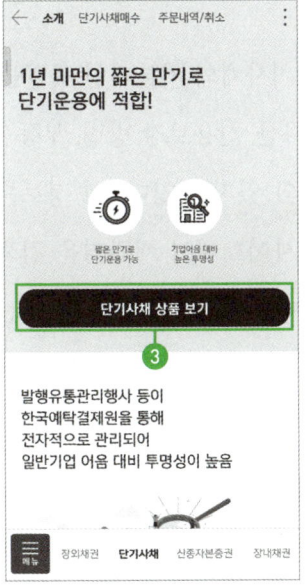

 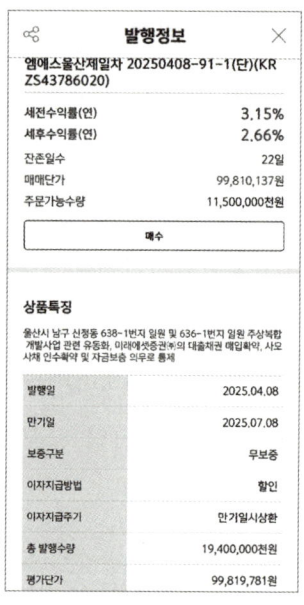

단기사채의 기본적인 사항들은 MTS를 통해 확인이 가능하지만 기초자산, 신용보강 방법, 부동산 개발 입지 등 필요한 정보들이 모두 나와 있지는 않다. 이 정보를 확인하기 위해서는 채권신용평가회사 사이트에서 채권명을 검색해 보면 된다. ABSTB를 발행하기 위해서는 꼭 2군데 이상의 채권신용평가사에서 등급을 받아야 하기 때문에 앞에서 언급했던 한국기업평가, 나이스신용평가, 한국신용평가 사이트에 들어가서 확인해보자. 엠에스울산제일차는 나이스신용평가에 신용평가보고서를 찾을 수 있다. 신용평가보고서에는 단기사채의 기초자산 및 자세한 정보뿐 아니라 회사채와 동일하게 평정근거도 설명해준다.

엠에스울산제일차 유동화단기사채는 울산에 위치한 주상복합 개발사업에 대출을 해주고, 그 대출채권을 기초자산으로 발행되었다. 중요한 내용은 가장 하단에 있는 기초자산의 신용위험과 차환발행위험에 대한 내용이다. 두 항목 모두 미래에셋증권(주)의 대출채권 매입확약, 사모사채 인수확약 및 자금보충 의무로 통제라고 되어 있다. 대출채권 매입확약은 대출채권에 문제가 생겨 채무불이행될 경우 미래에셋증권에서 매입해 주기로 하는 계약으로 가장 확실한 신용보강 방법 중의 하나이다. 사모사채 인수확약 및 자금보충 의무는 발행된 유동화단기사채를 미래에셋증권에서 인수하기로 약속하는 것이며 SPC가 원리금 지급이 어려운 경우 부족한 자금을 보충해주는 의무를 말한다. 즉, 기초자산인 대출채권이나 유동화증권의 채무불이행이 발생하는 경우 신용보강을 하는 증권사에서 책임을 지는 계약이 되어 있으므로 이 유동화증권에 투자하는 투자자는 증권사의 신용도만 고려하면 된다.

엠에스울산제일차는 신용도가 높은 미래에셋증권이 신용보강을 했기 때문에 단기 신용등급 최고등급인 A1을 받을 수 있었다. 신용보강이 없었다면 이 유동화증권은 신용등급을 받지 못했거나 낮은 등급을 받아 조달금리가 지금보다 훨씬 높았을 것이다. 또한 유동화단기사채는 원래 미래에셋증권이 발행하는 단기사채의 금리보다는 높은 금리로 발행된다. 즉, 투자자는 미래에셋증권의 신용도를 가진 단기사채를 좀 더 높은 금리에 투자할 수 있게 된다.

| 그림 7-7 · 엠에스울산 유동화단기사채 신용평가보고서 |

유동화 개요

유동화구조	부동산 PF 유동화
기초자산	PF대출채권 및 부수담보권(차주 : (주)케이알파트너스)
본건 사업	울산시 남구 신정동 638-1번지 일원(1단지) 및 636-1번비 일원(2단지) 주상복합 개발 사업 (시행사 : (주)케이알파트너스, 시공사 : 현대엔지니어링(주))
업무수탁자	교보증권(주)
자산관리자	미래에셋증권(주)
주관회사	미래에셋증권(주)
법률자문기관	법무법인 유준

주요 위험요소 및 통제방안

기초자산 신용위험	미래에셋증권(주)의 대출채권 매입확약, 사모사채 인수확약 및 자금보충 의무로 통제
차환발행위험	미래에셋증권(주)의 대출채권 매입확약, 사모사채 인수확약 및 자금보충 의무로 통제

출처 : 나이스신용평가

파생결합채권

파생결합채권은 주로 원금보장형 파생결합증권을 말하며 ELB^{Equity Linked Bond}와 DLB^{Derivatives Linked Bond}가 있다. 상품에 따라서 원금이 보장되지 않는 상품도 있다. 원금보장형으로 상품을 팔지만 실제 만기 시 원금 상환과 수익금의 지급 책임은 상품을 발행한 증권사에 있다. 즉, 두 상품의 신용도는 발행 증권사와 동일하다. 따라서 실제 투자하기에 앞서 발행한 증권사의 신용등급부터 확인을 해야 한다.

파생결합증권은 기초자산의 가격이나 지수의 변동에 따라 수익이 결정되는 상품으로 채권형 파생결합증권은 채권 수익률 + 파생상품을 이용한 추가 수익 형태로 설계된다. 우리가 해당 상품에 투자를 하면 원금의 대부분은 채권(국채나 회사채)에 투자되고, 나머지 금액으로 파생상품에 투자하여 수익률을 강화하는 구조이다.

ELB는 Equity, 즉 주식과 관련된 파생상품의 가격에 따라 추가 수익이 결정되는 상품이다. 주로 KOSPI200, S&P500 등 주가지수나 개별 종목의 주가가 특정 조건을 충족하면 추가 수익을 제공하고, 미 충족 시 원금만 지급하거나 낮은 이자율을 지급하는 형태로 설계한다. 주식시장이나 개별 주식의 상승 가능성은 있다고 생각하지만 리스크를 크게 지고 싶지 않은 투자자에게 적합하다.

다음의 상품은 한국투자증권에서 발행된 ELB의 내용을 발췌한 것이다.

트루ELB2351회[원금지급형, 5등급(낮은 위험)]
- 기초자산 : KOSPI200, 삼성전자 보통주

- 만기 : 3년
- 조건 : 조기상환 및 만기상환일에 두 기초자산의 종가가 최초기준 가격보다 높을 것
- 조건충족 시 수익률 : 15.03%(연 5.01%)
- 조건 미 충족 시 손실률 : 0%, 원금보장
- 조기상환 : 최초 6개월, 12개월 이후 1개월 단위

해당 ELB는 KOSPI200지수와 삼성전자 주가가 모두 기준 가격보다 높으면 연 5.01%의 수익률을 주고, 두 종목 중 하나라도 가격이 기준 가격보다 하락하면 0% 이자를 준다. 만기까지 조건이 달성이 되지 않으면 원금만 지급한다. 조건이 달성되는 지를 6개월 뒤에 처음 확인하고, 이때 조건이 충족되면 원금과 연 5.01%의 이자를 주고 조기 상환이 된다. 만약 6개월 뒤에 조건 달성이 되지 않으면, 12개월 뒤에 다시 조건 달성 여부를 확인한다. 그래도 달성이 안되면 1개월마다 조건 달성 여부를 판별한다.

이 상품은 주식시장이 횡보하더라도 조건일에 조금만 상승해도 일반 회사채보다 높은 5.01%의 금리를 제공한다. 원리금 지급 의무가 있는 한국투자증권 회사채보다 2%정도 높은 금리를 제공하므로 금리 메리트가 상당하다. 반대로 살짝만 하락해도 아무런 수익을 얻을 수 없다. 주가가 상승할 확률이 높다고 판단되면 투자하기 적합한 상품이다.

DLB는 기초자산으로 Equity를 제외한 파생상품의 가격에 따라 추가 수익이 결정되는 상품이다. 기초자산으로 주로 금리(국채), 환율(USD/KRW), 원자재(금, 원유) 등의 가격을 이용한다. 기초자산의 가격이 일정 조건을 만족하면 추가 수익을 얻을 수 있도록 설계한다. 다음은 DLB 발행의 예시다.

DLB **회[원금지급형, 5등급(낮은 위험)]

- 기초자산 : UDS/KRW 매매 기준율
- 만기 : 3개월
- 조건 : 만기시 환율이 최초보다 102% 이상이면 연 4% 수익, 98%초과 102%미만이면 연 2% 수익, 98%이하면 연 1% 수익 제공
- 조건 미 충족 시 손실률 : 0%, 원금보장

해당 DLB는 원달러 환율의 움직임에 따라 구간별로 수익률을 차등 지급하도록 설계되었다. 환율이 2%이상 오르면 연 4% 수익을 주고, 2%이상 하락하면 연 1%의 수익을, 나머지 구간에서는 연 2%의 수익을 제공한다. 조금 복잡해 보일 수 있는데, 기준환율을 1,000원으로 가정했을 때 수익을 그래프로 그리면 다음과 같다.

| 그림 7-8 · DLB 수익률 예시 |

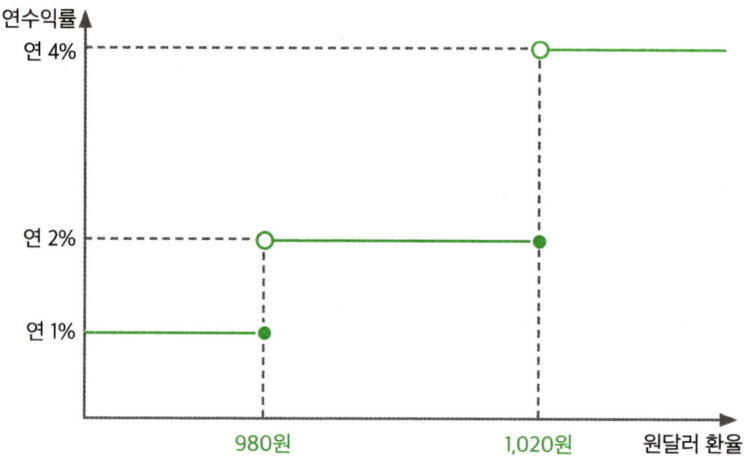

파생결합채권은 일반 채권의 수익률에 만족하지 못할 때 다양한 금융상품의 가격을 예상하여 낮은 위험으로 투자할 수 있는 좋은 상품이다. 거래금액은 1,000,000원 단위로 크지 않아 쉽게 시도해 볼 수 있다. 한국투자증권의 MTS에서 투자 가능한 상품을 쉽게 확인할 수 있다.

| 그림 7-9 · 한국투자증권 MTS ELB/DLB 화면 |

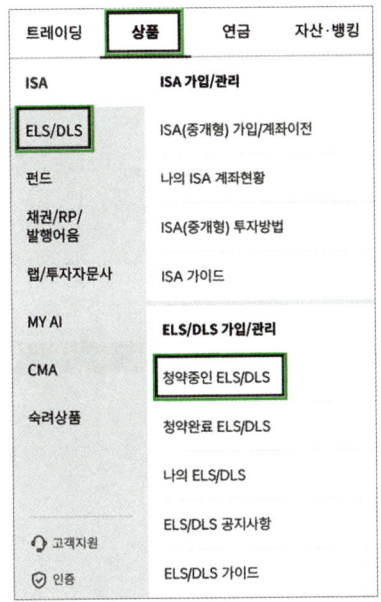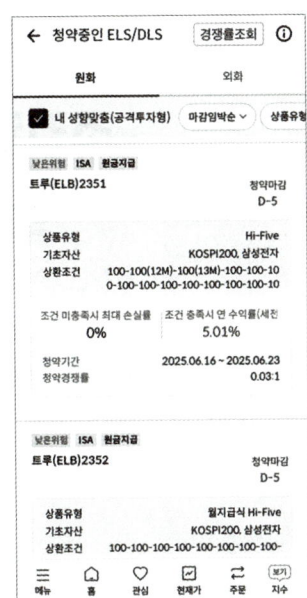

    ELS는 Equity Linked Securities로 주식연계파생결합증권을 의미하고, 보통 주식연계파생결합증권 중 원금보장형을 ELB라고 부르고 원금비보장형은 ELS라고 부른다. ELS는 ELB의 상위 범주로 보면 된다. DLS도 마찬가지다.

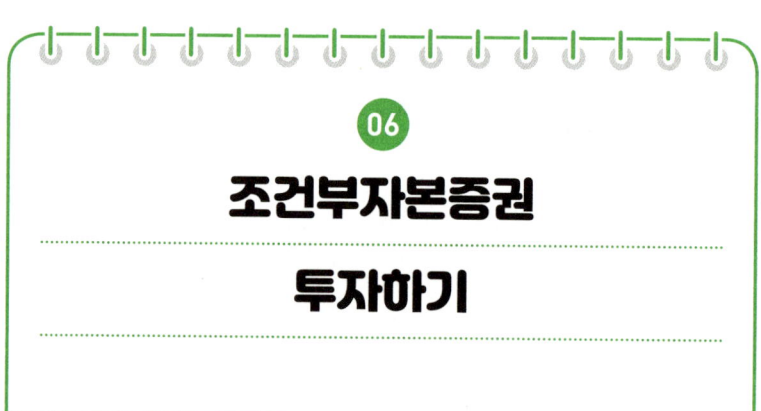

신종자본증권(전환형 CoCo Bond)

　신종자본증권은 일명 'CoCo Bond'Contingent Convertible Bond라고 부른다. 직역하면 어떤 이벤트가 발생하면 주식으로 전환되는 채권이라는 뜻이다. 주로 은행이나 금융기관들이 자본 건전성을 높이기 위해 발행되고, 주식과 채권의 성격을 동시에 가져 하이브리드 채권으로 부르기도 한다. 만기가 30년으로 길고, 연장도 발행사 의지로 가능해 영구채로 인정되고 국제회계기준상 부채가 아닌 자본(주식)으로 인정된다. 하지만 신종자본증권을 투자하는 모든 투자자들은 발행사가 5년 뒤에 무조건 조기상환을 할 것으로 생각하고 있기 때문에 채권으로 본다. 국제회계기준상으로 자본으로 인정되기 때문에 금융기관들은 자본 건전성을 위해 유상증자 대신 발행절차가 간단한 신종자본증권을 발행한다.

신종자본증권은 우리나라에서는 명목상 영구채라고 하지만 실제로는 대부분 5년 뒤에 상환을 한다. 신종자본증권 발행자는 5년 이후 조기상환을 할 수 있는 권리가 있고 발행자가 조기상환을 하지 않으면 투자자는 현재 금리에 추가 금리(1~2% 이상)를 받을 권리(스텝업 조항)를 가진다. 5년뒤 상환을 하지 않으면 이자부담이 늘어나기는 하지만 그 이유 때문이 아니라 발행사의 신뢰 문제 때문에 조기상환이 이루어진다. 조기상환을 하지 않는다는 것은 발행사가 신규로 신종자본증권을 발행하지 못할 정도로 상황이 어렵다고 인식되기 때문에 무슨 일이 있더라도 조기상환을 하려고 노력한다. 실제 리먼 브라더스 사태가 있었던 2009년 우리은행이 조기상환을 하지 않자, 우리은행 글로벌 신용이 급락하면서 6개월 뒤에 바로 조기상환을 했다. 2022년 흥국생명이 조기상환 거부 계획을 발표했는데 은행과 보험사 전반에 신용위기로 번지면서 결국 조기상환하는 것으로 무마되었다.

기업은 자기자본(주식)과 타인자본(부채)을 이용하여 영업활동에 필요한 자산을 보유한다. 이때 자기자본인 주식은 회사가 상환할 의무가 없다. 타인자본인 부채는 조건에 따라서 원리금 상환을 하는 순서가 달라진다. 회사가 문을 닫게 되는 경우 자산을 팔고, 이때 받은 대금으로 부채를 상환하게 되는데 이때 선순위 부채가 후순위 부채보다 먼저 상환된다. 우리가 일반적으로 알고 있는 회사채는 무담보 선순위 채권으로 가장 먼저 상환된다. 금융기관 차입금 역시 회사 자산을 담보로 잡고 있는 경우가 많지만 선순위 차입금이다. 자산을 팔고 남는 돈 중에 우선하여 선순위 부채를 상환하고 남는 자금이 있을 경우 후순위 부채를 상환한다. 따라서 선순위 부채보다 후순위 부채의 리스크가 크고, 금리도 높다. 신용등급도 한 노치notch(등급) 낮게 발행된다.

신종자본증권은 발행기업의 BIS비율이 일정 수준으로 하락하거나 금융당국의 자본건전성 개선 권고, 경영위기 등이 발생하는 경우 보통주로 전환된다.

신종자본증권은 특수한 조건에 따라 주식으로 분류되었지만 상환해야 할 의무가 있고, 상환 순서는 일반적인 회사채보다 낮고 보통의 후순위 채권보다도 낮다. 특정 이벤트Trigger Event가 발생하면 자동으로 주식으로 전환되기 때문이다. 따라서 신용등급은 기업등급(ICR)이나 회사채 신용등급보다 세 노치 낮게 발행된다. KB금융지주 일반 회사채 신용등급은 AAA이지만, 신종자본증권은 AA- 등급이다.

그림 7-10은 키움증권에서 판매중인 신종자본증권이다. KB금

융지주 신종자본증권이고, 잔존일수는 975년인데, 그냥 영구채라고 보면 된다. 옵션신청 개시일자가 2025.10.20으로 실질적인 만기일이다. 2020.10.20에 5년 Call(조기상환)로 발행되었다. 신용등급은 앞서 말한대로 AA-이다. 이 채권은 현재(2025.6..23) 기준 4개월 정도 만기가 남은 채권으로 3.00%에 매수할 수 있다.

| 그림 7-10 · 키움증권 MTS 신종자본증권 |

매우높은위험 / 회사채 / 신용등급AA-	
KB금융조건부(상)4-1(지)(KR6105561AA5)	
매수수익률	3.00%
세후수익률(연)	2.53%
민평금리(연)	3.08%
잔존일수	975년193일
매매단가	10,052.00원
주문가능수량	45,000천원
옵션	Call
옵션신청 개시일자	2025.10.20
발행일	2020.10.20
만기일	3000.12.31
발행이율	3.000%
할인율	0.00
보증구분	무보증
이자지급방법	고정부이표
이자지급주기	3개월
총 발행수량	435,000,000원
대용가격	8,050
평가단가	9,908
신평자료보러가기	한국기업평가 / 한국신용평가

우리가 신종자본증권에 투자하는 이유는 등급은 다소 낮지만 은행의 디폴트 가능성은 아주 희박하므로 일반 회사채 대비 높은 금리를 받을 수 있기 때문이다.

조건부후순위채(상각형 CoCo Bond)

조건부후순위채권은 신종자본증권과 유사하지만 이벤트 발생 시 보통주로 전환되지 않고, 원금의 일부 혹은 전부를 손실처리(상각)하는 조건을 가진 조건부자본증권이다. 그리고 신종자본증권과 달리 10년 이내로 만기가 존재한다. 이름처럼 후순위채권으로 신종자본증권보다 상환순위가 높다. 따라서 AAA등급을 가진 금융기관이 조건부후순위채를 발행하면 AA등급을 받는다.

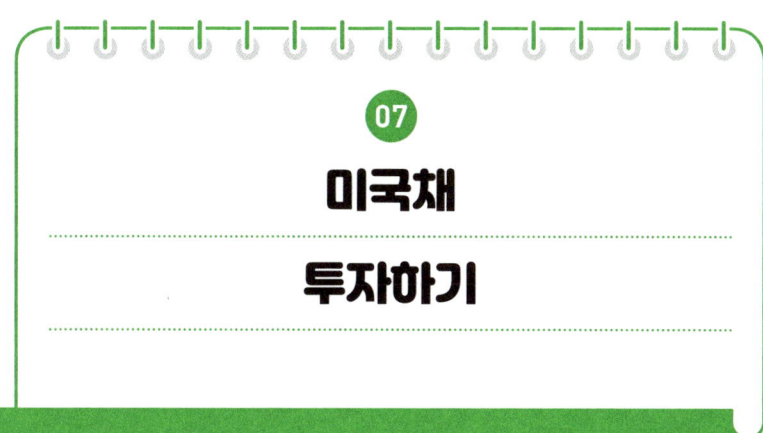

07
미국채
투자하기

미국 채권도 증권사를 통해서 직접 매수해 볼 수 있다. 그림 7-11은 미래에셋증권의 채권 화면이다.

[메뉴]-[채권]-[외화채권(판매) 찾기]를 차례로 선택하자. 미래에셋증권에서 현재 판매 중인 외화로 표시된 채권의 목록을 볼 수 있다. 대부분 UDS로 발행된 채권들인데 미국 채권 뿐만 아니라 우리나라 공기업이 달러 표시로 발행한 채권도 찾을 수 있다. 그림처럼 한국수력원자력에서 발행한 26년 4월 27일 만기 채권이 4.56%에 판매되는 것을 볼 수 있다. 우리는 미국 국채를 사고자 하니까 미국채 26년 1월 만기 채권을 살펴보자. 매수 금리가 4.54%로 상당히 높은 금리를 제공한다. 왜 우리나라보다 신용등급도 높고, 위험이 낮은 채권인데 높은 금리를 제공하는 걸까? 그 이유는 미국의 기

| 그림 7-11 · 미국채 투자화면1 |

준금리가 우리나라보다 높아 단기금리도 더 높게 형성되어 있기 때문이다. 나라별 기준금리의 차이는 환율로 조정이 되는데 우리가 미국채를 매수하면 원화를 달러로 환전한 뒤 매수한다. 또한 만기시에는 달러로 현금이 유입되므로 다시 원화로 환전을 해야 한다. 이때 환율의 변동위험은 투자자가 부담해야 된다. 따라서 단순히 수익률이 높다고 미국채에 투자하면 환율에 따른 손실을 볼 수가 있으므로 잘 따져보고 투자 결정을 해야 한다. 짧은 기간 동안은 환율의 변동성이 크지 않을 가능성이 높으므로 현재시점에서 1년도 남지 않은 미국채 26년 1월 만기 채권을 선택해 보자. 그러면 그림 7-12와 같이 나타난다.

| 그림 7-12 · 미국채 투자화면2 |

    발행정보 상세를 확인할 수 있다. 매수금리는 4.54%, 잔존만기는 208일이고, 6개월 이표채권이다. 이 채권의 매매 단가와 만기까지 현금흐름을 확인하기 위해 [모의투자계산]을 선택해 보자. 매수하는 단가, 만기 전 현금흐름과 만기 때 받을 금액을 자동으로 계산해 준다. 이를 참고하여 미국채를 매수할 수 있다.

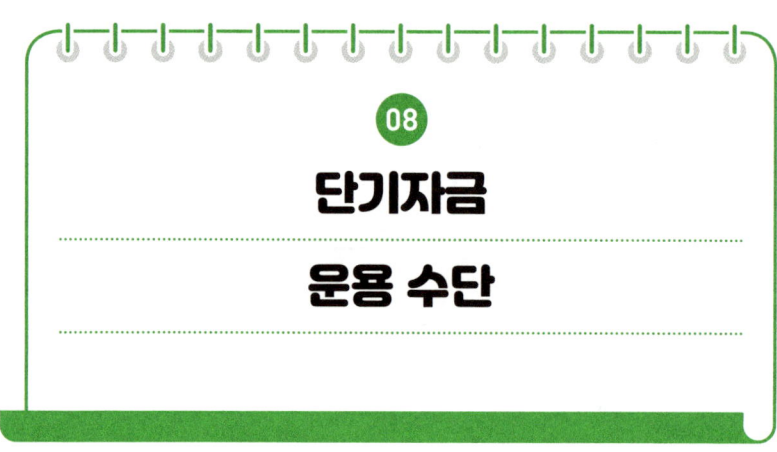

08 단기자금 운용 수단

CMA

CMA^{Cash Management Account}(현금관리계좌)는 주식을 하기 위해 증권사에서 계좌를 개설하면 볼 수 있는 용어이다. 주식 매매를 위해 증권 계좌에 자금을 넣어 두면 현금에 이자를 지급하지 않는다. 그러나 증권사는 고객에게 보유 현금에 대해 이자를 주기 위해 CMA 계좌에 현금을 두기를 권한다. CMA는 증권사에서 제공하는 단기 금융상품 연계형 계좌를 말한다. 일반 예금처럼 자금을 입금해두면 이자가 발생하고, 필요할 때는 입출금이 자유로운 통장처럼 사용할 수 있는 증권사의 종합자산관리계좌이다. 증권사는 CMA에 가입된

계좌의 여유자금을 RP, MMF, MMDA와 같은 단기 채권 상품에 투자하고, 여기서 발생한 이익을 고객에 제공한다. CMA는 일일 단위로 이자가 지급되는데, 복리로 이자를 주고 이자는 보통 월 1회 지급한다. 은행처럼 CMA에 연결된 체크카드로 인출과 결제가 자유롭다. CMA와 주식, 펀드 계좌가 통합되어 운영이 가능하고, 주식 매도 시 매도대금이 자동으로 CMA로 들어오고, 주식 매수 시 자동으로 인출되어 편리하다.

다음은 CMA와 은행예금과의 비교이다.

| 표 7-4 · CMA와 은행 예금 비교 |

항목	CMA	은행 예금
이자지급	일복리, 월지급	단리/복리, 월/분기 지급
수익률	약 1.0~2.0% 내외(변동)	정기예금 기준 3~4% 내외
예금자보호	없음	5,000만 원까지 보호
출금 편의성	체크카드, 자동이체 가능	체크카드, 자동이체 가능
투자계좌 연동	주식, 펀드 연동 가능	별도 계좌가 필요

MMF

MMF는 Money Market Fund를 말한다. Money Market은 초단기 자금시장을 의미하는데 MMF는 단기 채권형 상품에 투자하는 펀드를 말한다. 펀드Fund는 자산운용사가 투자자들의 돈을 모아 대신해서 투자를 해주는 투자 상품이다.

MMF는 앞에서 우리가 배웠던 단기 채권에 모두 투자를 한다. CP(기업어음), CD(양도성예금증서), RP(환매조건부채권), 단기 국공채 및 통안채 등에 투자하여 은행 예금보다 조금 더 높은 수익률을 추구한다. 운용대상을 간단하게 다시 정리하면 표 7-5와 같다.

| 표 7-5 · MMF 운용대상 |

투자자산	설명
CP (기업어음)	• 기업에서 발행하는 단기 사채, 유동화 사채 등 1~3개월 이내 만기에 주로 투자 • 신용등급은 대부분 A1
CD (양도성 예금증서)	• 은행이 발행한 양도 가능한 예금 증서
RP (환매조건부채권)	• 채권을 일정기간 후 다시 사기로 약속하고 매도하는 단기 상품 • 1일, 7주일 등 초단기로 거래됨
국공채 및 통안채	• 1년 이내의 단기 채권으로 신용리스크가 없음 • 통안채는 한국은행이 통화조절을 목적으로 발행하는 단기 채권

투자자들이 직접 CP나 ABCP 등 단기 상품에 투자를 할 수도 있지만 이런 투자에 부담을 느끼는 투자자들은 MMF에 가입하여 쉽게 단기자금을 운용해 볼 수 있다. 펀드에 가입 후 자금이 필요한 경우 환매(해지) 요청을 하면 다음 날 지급되므로 유동성도 높다. 정기예금과 비슷한 수익을 주지만 언제든 환매 요청할 수 있어 확실

히 이점이 있다. 다만 채권 수익률이 직접 투자하는 것보다 다소 낮다. 운용에 따른 보수를 운용사에 지급하고, 펀드에 따른 규제 때문에 안전한 상품만 투자하기 때문이다. 은행이나 증권사를 통해서 가입이 가능하다.

MMDA

MMDA는 Money Market Deposit Account의 약자이다. 시장금리부 수시입출금 예금이라고 부르기도 한다. 이름에서처럼 MMF와 유사한 상품으로 은행에서 출시한 상품이다. 운용하는 상품도 MMF와 동일하다. 은행이 고객이 맡긴 여유자금을 CP, ABCP, CD, RP 등에 투자하고 얻은 수익을 고객에게 다시 지급해 주는 구조이다. MMF는 펀드이고, MMDA는 은행계좌라는 차이만 있다. 계좌라는 측면에서 보면 CMA와 더 유사하다. MMDA도 수시입출금이 가능하고, 은행계좌이므로 예금자보호가 된다는 장점이 있다. 증권사 CAM와 연동하면 주식투자도 쉽게 할 수 있다. 다만 금리가 앞의 두 상품에 비해서 낮다.

마지막으로 3가지 상품에 대해 비교하여 정리한 표이다. 참고하기 바란다(표 7-6).

| 표 7-6 · CMA, MMF, MMDA 비교 |

	CMA	MMF	MMDA
정의	증권사 현금관리계좌	초단기 채권형 펀드	시장금리에 연동되는 수시입출 예금
상품유형	CMA 종합형, CMA-RP형 등	펀드	예금
운용주체	증권사	자산운용사	은행
투자대상	RP, MMF, 예금 등 단기 자산	CP, CD, RP, 국공채 및 통안채	CP, CD, RP, 단기 대출 등
예금자 보호	예금자 보호 대상 아님 (CMA-MMDA형은 예금자 보호 가능)	예금자 보호 대상 아님	예금자 보호
입출금 자유도	수시 입출금 가능	실시간 인출 불가 하루 필요	수시 입출금 가능
가입처	증권사	증권사, 은행	은행

☑ 홈플러스 구매자금유동화증권을 통해 생각해 볼 점 CHECK

2025년 3월, 우리에게 친숙한 기업인 홈플러스가 기업회생절차를 신청했다. 홈플러스는 기업신용등급(ICR)은 없었고, 단기 신용등급 A3-를 가지고 있었다. 홈플러스가 원리금지급의무가 있었던 유동화증권도 채무불이행되었는데, 이 유동화증권은 신용을 보강하는 증권사가 없고, 홈플러스 자기 신용으로 발행되었다. 모든 유동화 구조는 그림 7-5에서 크게 벗어나지 않는다. 다만 신용 보강하는 증권사가 없는 경우도 있는데, 홈플러스 구매자금유동화증권이 그런 예 중의 하나이다.

여기에 투자를 한 투자자는 홈플러스라는 익숙함 때문에 쉽게 의사결정을 했을 것으로 생각이 된다. 실제로 이 채권에 개인투자자들이 2,000억원이 넘게 투자를 했고, 만기에 원리금을 상환받지 못했다. 홈플러스라는 익숙한 이름에서 오는 착각이 작용하는데, 이렇게 큰 기업이 망하겠느냐라는 인식이 위험한 투자를 하도록 만든다. 신용등급이 A3-라는 것은, 투자등급의 마지막 단계로 상당히 높은 위험을 내포하고 있다. 물론 대주주가 갑작스럽게 회생 신청한 것을 두고 도덕적인 문제가 거론되기도 하지만, 채권을 투자하는 입장에서 1~2%를 더 받기 위해 위험한 투자를 했다고 볼 수밖에 없다.

신용등급은 계속 하락해 왔고, 장기채권 조달을 할 수 없었기 때문에 유동화 상품을 통해 단기로 조달할 수밖에 없었다. 기업의 장기 신용등급은 있지도 않다. 1등 대형마트를 운영하는 이마트도 실적 부진이 이어지면서 신용등급이 하락하고 있는 상황이었는데, 후발주자인 홈플러스는 버티기가 더 어려울 수밖에 없다. 유동화 상품을 투자할 때는 상품의 구조를 잘 파악해야 하고 마지막에 채무를 이행하는 주체의 신용도를 면밀하게 살펴봐야 한다. BBB등급일 경우는 특히 더 그렇다.

CHAPTER 8

채권투자를 위한 필수 경제 지표

채권투자를 하기 위해서 가장 중요한 것은 금리에 대한 예측이다. 금리를 예측하기 위해서는 금리의 기본이 되는 기준금리의 향방을 예측해야 한다. 기준금리는 중앙은행이 나라의 현재 경제 상황에 따라 결정하는데, 이때 가장 중요하게 보는 경제지표가 물가와 경기를 나타내는 지표들이다.

투자자들도 이 챕터에 나온 경제 지표들을 잘 읽을 수 있다면, 채권투자는 물론 세상과 경제의 흐름에 귀중한 이정표로 삼을 수 있을 것이다.

01 소비자 물가상승률

　한국은행은 [한국은행법] 제6조 제1항에 의거 정부와 협의하여 물가안정 목표를 설정하고 있다. 2019년 이후 우리나라의 물가안정 목표는 소비자물가 상승률이 전년동기대비 기준 2%이다. 한국은행은 중기적 시계에서 소비자물가상승률이 물가안정 목표에 근접하도록 통화정책을 운영한다. 이는 한국은행 홈페이지에 나오는 한국은행의 정책 목표이다. 우리나라 기준금리 향방을 결정하는 제1의 경제 지표는 소비자물가상승률이다.

　통계청은 매월 정해진 품목의 소비자 가격을 조사한다. 이를 바탕으로 2015년을 100으로 보고 조사월의 소비자물가지수 Consumer Price Index, CPI를 계산한다. 계산된 CPI(소비자물가지수)를 전년도 같은 달의 CPI와 비교해 상승률을 계산한다. 이것을 소비자물가상승률이라고 한다. 소비자물가상승률을 인플레이션율Inflation rate이라고도 한다.

인플레이션은 여러가지 요인이 복합적으로 나타난다.

수요견인 인플레이션
(Demand-Pull Inflation)

물건을 사고자 하는 소비자들의 의지, 즉 총수요 증가로 발생한다. 사고자 하는 사람이 많고 공급이 부족하면 상품 가격이 오를 수밖에 없다. 경기가 활황을 보이거나 정부가 경기부양을 위해 확장적 재정정책을 시행하면 총수요가 늘어가고 물가가 상승한다. 확장적 재정정책이란 정부가 경기 침체에 대응하기 위해 정부지출을 확대하거나 세금을 인하하여 총수요를 증가시키는 것을 말한다. 경기부양을 위해 금리를 인하하면 대출금리도 하락하고, 대출을 받아 자산에 투자하려는 사람이 늘어나면서 자산 가격을 상승시킨다. 자산 가격이 상승하면 소비자들의 소득이 늘어나고 소비여력이 증가하면서 총수요가 다시 증가하고 물가를 더욱 상승시킨다. 이를 수요견인 인플레이션이라고 한다. 코로나19 이후 정부의 대규모 부양책으로 소비가 회복되면서 2021~2022년 급격한 수요견인 인플레이션이 나타났다.

비용인상 인플레이션
(Cost-Push Inflation)

제품을 생산하는 원자재, 인건비 등 생산 비용이 급격히 올라서 제품 가격이 오르는 경우를 말한다. 70년대 발생한 오일쇼크가 대표적인 예이다. 1차 오일쇼크는 1973년 제4차 중동전쟁으로 발생했다. OPEC은 석유수출을 금지했고, 유가가 4배로 치솟았다. 우리나라 물가상승률은 24%까지 급등했다. 2차 오일쇼크는 1979년 이란 혁명으로 석유 생산 차질이 발생하면서 유가가 재차 급등하면서 발생했다. 우리나라 물가상승률은 28.7%로 역대 최대 상승률을 보였다. 이렇게 물가가 급등하게 되면, 물건을 사려는 소비자가 줄어들고, 전체 소비가 감소한다. 필연적으로 경기 침체를 동반할 수밖에 없는데, 경기가 침체되면서 동시에 물가가 급등하는 현상을 스태그플레이션Stagflation이라고 한다.

스태그플레이션은 '경기 침체Stagnation + 물가상승Inflation'을 합친 단어이다. 총수요가 증가하여 인플레이션이 발생하면 금리를 인상하거나 긴축 재정을 하거나 정부에 대응할 수단이 많은데, 비용인상 인플레이션에는 통화정책이나 재정정책을 통해 해결하기가 쉽지 않다. 경기 침체에 대응하기 위해 금리를 인하하면 물가상승을 부추기고, 물가를 잡기 위해 금리를 인상하면 경기 침체를 유발하기 때문에 통화정책 딜레마의 대표적인 사례이다.

비용인상 인플레이션은 2022년 우크라이나-러시아 전쟁으로 에너지와 곡물가격이 급등해서 나타난 인플레이션이 대표적이다.

통화량 증가에 따른 인플레이션 (Monetary Inflation)

시중에 돈이 많이 풀려서 돈의 가치가 하락해서 발생하는 물가상승을 의미한다. 돈이 많아져 돈의 가치가 하락하면 물건의 가격이 오를 수밖에 없다. 2차세계 대전 후 독일이나 2000년대 짐바브웨이처럼 연간 물가상승률이 100%가 넘어가는 하이퍼인플레이션이 대표적이다. 2008년 리먼브라더스 파산으로 인한 금융위기 극복을 위해 미국은 기준금리를 인하하고 양적완화라는 대규모 통화공급정책을 시행했다. 양적완화란 중앙은행이 자금의 유동성을 늘리기 위해 대규모로 자산(국채, MBS 등)을 매입하는 것을 말한다. 이를 통해 시장에 통화량이 증가하면서 인플레이션을 유발했다.

구조적 요인으로 발생하는 인플레이션

장기적으로 인플레이션이 발생하도록 만드는 사회, 제도적인 변화를 말한다. 고령화로 인해 생산가능 인구가 줄어들어 생산비용이 상승하고 제품 가격 상승을 유발할 수 있다. 기후변화로 인해 농산물 가격의 점진적인 상승도 물가 상승 요인이다.

물가상승과 중앙은행의 대응

여러가지 요인으로 물가가 상승하게 되면, 중앙은행은 기준금리 인상을 통해 물가 상승을 억제하게 된다. 따라서 물가상승률 추이는 기준금리 변동을 예상할 수 있는 중요한 요인이 된다.

그림 8-1은 2001년부터 2025년 5월까지의 물가상승률과 기준금리 변동을 보여주는 그래프이다.

2000년 이후 우리나라 물가상승률이 6% 가까이 오른 경우는 2008년 7월 글로벌 금융위기 직전과 코로나19 이후 소비가 회복한 2022년 7월이다.

| 그림 8-1 · 우리나라 물가상승률과 기준금리 추이 |

리먼브라더스가 파산하기 직전인 2008년 7월 유가는 서부텍사스산원유(WTI) 기준 147달러로 역사상 최고치를 기록했다. 중국과 인도의 경제 성장으로 곡물에 대한 수요가 폭발했고 기후이상으로 작황부진까지 겹치면서 농산물 가격이 급등해 소비자물가상승률이 5.9%까지 상승했다. 한국은행은 물가가 급등하기 전부터 서서히 기준금리를 인상하여 물가상승에 대비했으나 글로벌 유동성 과잉에 따른 영향이 가중되며 물가상승을 막지 못했다. 그러나 2008년 9월 리먼브라더스 파산으로 글로벌 금융위기가 발생하자 경기가 급격히 침체되면서 물가가 급락했다. 이때 한국은행은 경제위기에 대응하기 위해 기준금리를 5.25%에서 2.00%까지 급격하게 인하

했다. 위기 이후 낮은 금리와 정부의 경기 부양책으로 경기와 소비심리가 회복되면서 다시 물가가 완만하게 올랐다.

코로나19는 우리가 이전에는 겪어보지 못했던 위기였다. 전염병 확산 우려로 외부활동이 급감하면서 소비심리가 급격히 냉각되었고, 경기가 침체를 보였다. 이 시기 처음으로 물가상승률이 마이너스를 보일만큼 심각한 위기였고, 한국은행은 기준금리 인하로 대응했다. 2019년 6월 1.75%였던 기준금리는 사상 최저치인 0.5%까지 하락했다. 이후 경기가 점차 살아났지만, 팬데믹 영향으로 중국, 동남아 제조업 공장이 폐쇄되면서 제품 공급이 부족해지고, 해운비용도 급등하면서 공산품의 수입가격이 급등했다. 글로벌 수요도 서서히 회복되는 와중 우크라이나-러시아 전쟁으로 원유 및 천연가스 가격이 급등하면서 물가가 가파르게 상승했다. 이에 한국은행은 기준금리를 인상하면서 물가상승을 억제하기 위해 노력했다. 이 시기 기준금리는 0.5%에서 3.5%까지 인상했다.

이렇듯 물가상승률과 기준금리 간에는 긴밀한 관련성을 가진다. 채권투자를 위해 물가상승률 추이는 매월 확인해야 하는 지표다.

02
경제성장률
(실질 GDP 성장률)

GDP^{Gross Domestic Product}(국내총생산)는 한 나라 안에서 일정기간(1년) 동안 생산된 모든 최종 재화와 서비스의 시장가치의 총합을 의미한다. 쉽게 말해서 1년 동안 우리나라에서 만든 제품과 서비스의 총합이라는 말이다.

GDP를 계산하는 방법에는 여러가지가 있는데, 많이 사용하는 방법으로 지출접근법이 있다. 1년 동안 경제주체들이 지출한 금액을 합치면 GDP를 계산할 수 있다.

$$GDP = C + I + G + (X - M)$$
$$= 소비 + 투자 + 정부지출 + (수출 - 수입)$$

C(민간소비) : 가계가 지출한 금액(제품과 서비스를 구매한 금액의 총합)
I(기업투자) : 기업의 설비, 건설 투자 및 재고의 증가
G(정부지출) : 재정을 통해 지불한 공공서비스, 인프라 투자 등
$X - M$(순수출) : 수출액 - 수입액

GDP를 계산하기 위해서 각 경제주체별로 지출한 금액들을 합산한다. 경제 주체는 크게 가계, 기업, 정부로 나뉜다. 위의 식을 잘 살펴보면 GDP를 크게 만들기 위해서는 간단하다. 소비를 늘리고, 투자를 증가시키고, 정부지출도 늘리면 된다. 한국은행이 기준금리를 내리면 이 세 경제주체의 활동을 자극해 GDP를 성장하게 만든다. 순수출은 금리 인하가 환율경로를 통해 증가하도록 할 수 있다. 무역수지가 적자가 되면, 순수출은 마이너스의 값을 가지게 되고 적자폭이 지나치게 크면 GDP 성장을 저해한다.

이렇게 계산된 GDP에는 물가상승에 따른 영향이 그대로 남아 있다. 최종생산물인 제품가격을 그대로 썼기 때문인데 물가가 오른 것 때문에 GDP가 커진 것이다. 그래서 경제가 성장한 것으로 오해할 수가 있다. 물가상승을 조정해 주기 전의 GDP를 명목 GDP라고 하고, 물가상승 영향을 제거한 것을 실질 GDP라고 한다. 우리가 경제성장률이라고 할 때는 이 실질 GDP의 성장률을 의미한다.

$$\text{실질 GDP 성장률(\%)} = \frac{(\text{올해 실질 GDP} - \text{작년 실질 GDP})}{\text{작년 실질 GDP}} \times 100$$

우리나라 실질 GDP 성장률은 분기마다 발표된다. 한국은행은 매월 발표되는 소비자물가상승률, 분기마다 발표되는 실질 GDP 성장률을 고려하여 기준금리를 결정한다.

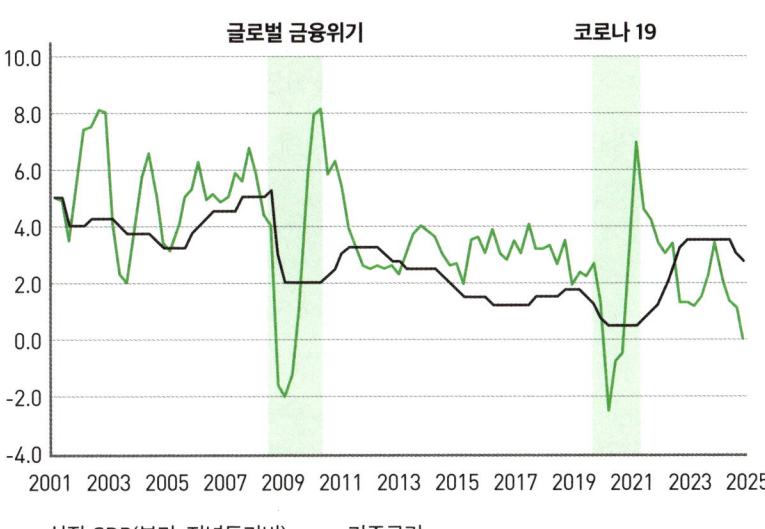

| 그림 8-2 · 한국의 실질 GDP 성장률과 기준금리 |

실질 GDP 성장률 그래프를 보면 앞에서 살펴본 물가상승률 그래프와 저점과 고점 시기가 비슷하다는 점을 확인할 수 있다. 경제성장률이 낮으면 물가상승률도 낮고, 경제성장률이 높으면 물가상

승률이 높다. 글로벌 금융위기가 있었던 2008년 3분기부터 경제성장률이 급락하여 -2.0%로 역성장을 했다. 이후 기준금리 인하를 통한 경기부양을 통해 경제는 급반전하여 8% 성장하기에 이른다. 코로나19 시기도 동일하다. 역성장을 보였으나 금리인하와 경기부양책을 통해 성장률이 7%에 이르는 급반전을 이루었다.

이 두 가지 사건을 살펴보면 한국은행의 통화정책이 효과적으로 잘 작동했다.

그렇다면 앞으로 어떻게 될까? 2025년 6월 현재 물가상승률은 물가관리목표인 2% 이내에 있으나 경제성장률은 0% 수준까지 하락했다. 한국은행은 5월에 기준금리를 0.25% 인하를 하였는데 경제성장률 지표로 본다면 가까운 시일내에 추가적인 기준금리 인하가 있을 것으로 예상할 수 있다.

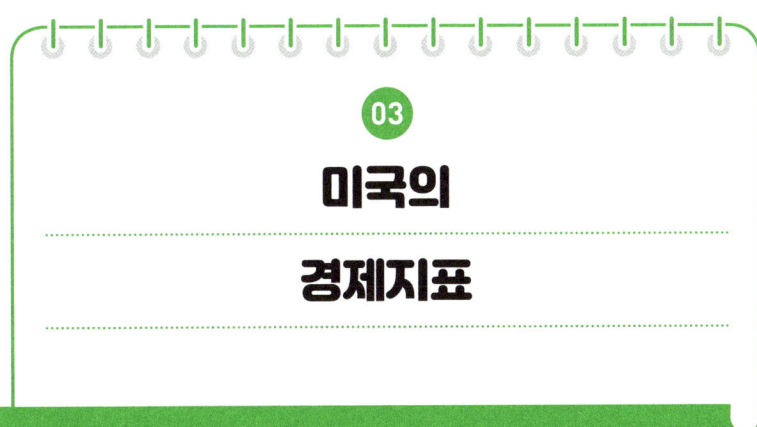

경제 규모가 가장 큰 국가는 미국이다. 미국의 경제상황에 따라 글로벌 경제가 크게 영향을 받고 우리나라도 마찬가지이다. 특히 리먼브라더스 파산으로 시작된 글로벌 금융위기는 미국에서 시작했다. 이로인한 침체는 세계 각국으로 전파되었고, 세계 경제의 미국에 대한 의존도를 확인하는 계기가 되었다. 코로나19는 사건 자체가 글로벌한 이벤트였다. 이때도 미국 경제 정책에 따라 세계 각국의 경제 정책이 공조를 이루었고 위기를 타개했다. 세계 경제는 서로 맞물려 돌아가고 그 중심에 미국이 있다. 미국이 기준금리를 인하하거나 인상하면 선진국들도 따라서 인하하거나 인상해야하는 압박을 받는다. 위기의 시기가 되면 같이 움직이는 경향은 더 강해진다. 따라서 우리가 한국은행의 기준금리 향방을 예상하기 위해서는 미국의 움직임을 잘 파악해야 한다. 또한 미국 채권에 직접 투자하는 투자자라면 당연히 미국의 통화정책에 귀를 기울여야 한다.

미국 의회가 중앙은행인 연방준비은행에 부여한 공식적인 법적 책무는 두 가지 목표를 동시에 추구하도록 한다. 이를 연준의 이중 책무Dual Mandate라고 하는데, 최대 고용Maximum Employment과 물가안정Price Stability이 그것이다. 물가안정은 우리나라의 정책 목적과 같은데 미국은 최대 고용이라는 조건이 추가되었다. 우리는 경제성장률에 대한 지표를 실질 GDP 성장률로 파악했는데 미 연준은 고용시장의 상황으로 경제를 파악한다. 미국의 경제지표는 FRED(https://fred.

| 그림 8-3 · FRED 홈페이지 첫화면 |

stlouisfed.org/)라는 사이트에서 대부분 확인할 수 있다. 세인트루이스 연방준비은행에서 제공하는 경제 데이터들이다. 우리나라 통계청 사이트나 한국은행처럼 경제 데이터를 시각적으로 잘 보여준다. 인기 검색어 섹션을 보면 우리가 찾아볼 항목들이 대부분 나와 있다.

PCE(Personal Consumption Expenditures Price Index, 개인소비지출 물가지수)

PCE는 미 연준의 공식적인 인플레이션 관련 지표이다. 소비자물가지수보다 정교하고 구조적인 지표로 평가된다. PCE는 미국 국민 전체가 일정기간동안 지출한 소비 항목의 가격변화를 추적한다. PCE는 GDP를 계산할 때 가장 큰 구성요소인 개인소비 지출을 통해서 계산되고, 2012년을 100으로 가정한다. 가격변동성이 CPI(소비자물가지수)보다 낮고, 세부항목이 유연하게 조정된다. CPI는 항목별 가중치가 변경이 되지 않아 현실을 반영하는 것이 좀 어렵다. PCE는 소비지출의 규모로 파악된다. 예를들어 10만 원의 소고기를 100만큼 먹었는데, 가격이 20만 원으로 올라 수요가 감소해 50만큼 먹었다면, 실제 지출 금액은 오르기 전과 후가 동일하다. 그런데 소고기 가격이 오르면 대체제인 돼지고기 수요가 늘어난다. 돼지고기의 가격은 그대로인데, 수요가 증가해 지출금액은 오히려 커진다. CPI

는 소고기 상승만 반영하지만, PCE는 돼지고기 소비의 지출규모까지 반영하기 때문에 더 정교하게 측정된다. 미국은 개인의 소비가 경제에 차지하는 비중이 크기 때문에, 소비지출의 측정이 더욱 중요하다. 이런 장점 때문에 연준에서는 PCE를 통화정책의 기준으로 삼는다. PCE에서 가격변동성이 큰 식료품과 에너지를 제외하여 계산하면, Core PCE(근원 개인소비지출물가지수)라고 한다. 일시적인 변동 요인을 제거했기 때문에 정책 판단에 PCE와 함께 Core PCE도 중요한 지표로 사용된다.

| 그림 8-4 · 미 Core PCE와 기준금리 |

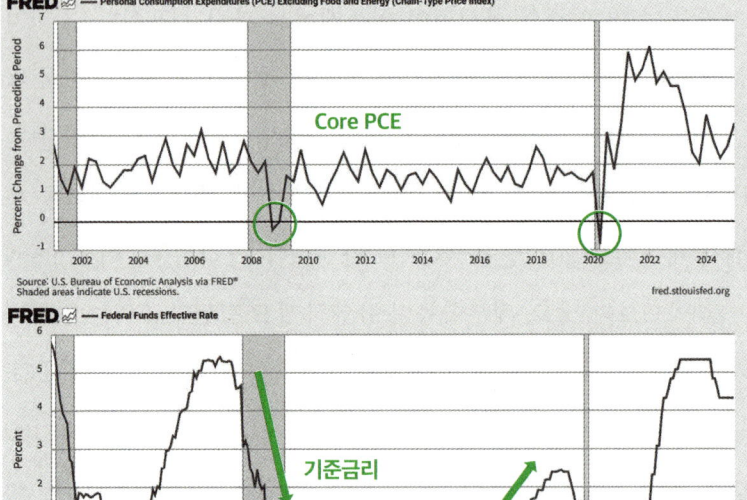

그림 8-4는 미국의 Core PCE와 기준금리 추이를 나타낸다. 그래프의 음영은 경기 침체 기간으로 글로벌 금융위기와 코로나19 시기이다. 두 시기 모두 PCE는 (-)를 기록했다. 미 연준은 글로벌 금융위기를 극복하기 위해 기준금리를 0% 수준까지 인하하고 양적완화 정책을 통해 무제한으로 시장에 유동성을 공급했다. 코로나19 시기에도 기준금리 인하를 통해 대응을 했으나 이후 물가가 6% 넘게 급등하자 기준금리를 가파르게 인상했다. 2025년 5월 현시점에서 PCE는 3% 내외를 유지하고 있어 연준의 목표치 대비 높은 수준을 보이고 있다.

고용지표

연준은 이중 책무 중 최대고용을 달성하기 위해 다양한 지표를 활용한다. 대표적인 것이 비농업 고용지수와 실업률, 실업보험청구 건수 등이 있다.

① 비농업 고용지수 Nonfarm Payrolls, NFP

미국 경제에서 한달동안 새로 만들어진 일자리 수(농업 제외)를 의미한다. 매월 첫째 주 금요일에 발표되는 핵심 고용지표로 약 14만 개 이상의 기업과 정부기관 자료를 통해 작성된다. 실제치가 발표되기 전에 리서치 기관 등에서 예상치가 발표되는데 예상치와 실제 수치의 차이가 크면 주식과 채권시장에 큰 영향을 준다. 매월 발표되므로 단기적인 고용 추세를 파악하기 용이하다.

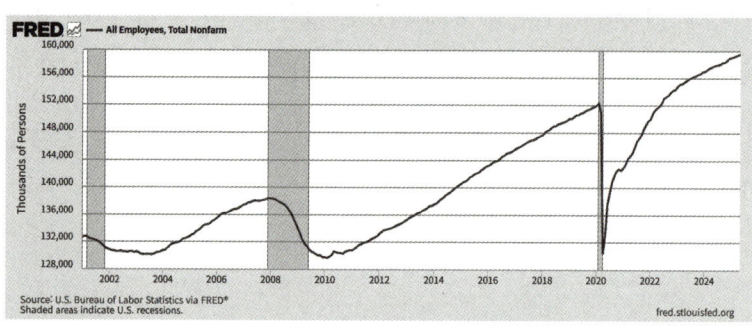

| 그림 8-5 · 미국 비농업 고용지수 |

미국의 고용시장은 2001년부터 지금까지 경기 침체기에 큰 폭으로 신규 일자리 수가 감소했다. 글로벌 금융위기 이후 미국 고용시장은 10년 이상 최장기 호황기를 보였다. 하지만 코로나19 시기에 신규 일자리 수가 급감하면서 경기 침체의 골이 깊었다. 셧다운으로 서비스업 관련 일자리 수가 큰 타격을 입었다. 하지만 경기는 잠깐의 침체 이후 급격하게 개선되었고, 신규 고용도 급격하게 증가하면서 역대 최대 수준을 계속 갱신해 나가고 있다. 최근 흐름을 보면 고용시장에서 경기 침체의 조짐은 크게 보이지 않는다.

② 실업률 Unemployment rate

실업률은 경제활동인구 중 실업자의 비율을 의미하며 국가의 고용상황과 경기를 판단하는 핵심지표이다.

$$실업률(\%) = \frac{실업자\ 수}{경제활동인구} \times 100$$

- 실업자 : 일할 의지와 능력이 있고, 최근 4주 이내에 적극적으로 구직활동을 했지만 일자리를 구하지 못한 사람
- 경제활동인구 : 취업자 + 실업자
- 비경제활동인구 : 학생, 가사노동자, 은퇴자 등 구직의사가 없는 자

연준은 미국 실업률이 장기적으로 자연실업률에 도달하도록 통화정책을 수행한다. 자연실업률 Natural Rate of Unemployment 은 경기가 과열되지도 침체되지도 않은 상태에서 존재하는 정상적인 실업률을 의미한다. 이는 완전고용 상태에서도 실업률이 0%가 될 수 없는 구조적인 실업률을 반영한 수치이다. 자연실업률은 물가상승 압력을 유발하지 않고 경제가 지속 성장할 수 있는 수준의 실업률이기도 하다. 자연실업률은 크게 마찰적 실업과 구조적 실업 두 가지가 있다.

- 마찰적 실업 : 직장을 그만두고 다른 직장을 찾는 중인 상태, 졸업 후 직장을 구하는 과정

- 구조적 실업 : 기술변화나 산업 재편 등으로 기존 기술이나 직종이 사라져서 발생하는 실업

연준에서 추정하는 미국의 자연실업률은 4.0%내외이다. 실업률이 이보다 낮아지면 노동시장이 과열되어 임금 상승 압박이 강해지기 시작한다. 임금이 상승하면 인플레이션 압력도 강해져 연준은 금리 인상으로 대응하게 된다. 반대로 실업률이 자연실업률을 상회하면 경기 침체로 판단하고, 금리 인하 등 통화 완화정책을 추진한다. 참고로 한국의 자연실업률은 한국은행 보고서에 따르면 3.5% 수준이다.

그림 8-6은 미국의 실업률 추이를 나타낸다.

| 그림 8-6 · 미국의 실업률 |

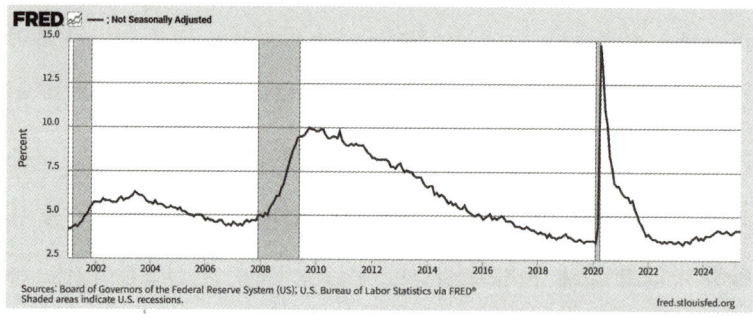

미국의 실업률은 금융위기인 2009년 9월에 10%를 기록하였으나 이후 통화 완화정책으로 10년간 꾸준히 하락했다. 2020년 자연실업률 수준까지 하락했으나 코로나19로 인해 대공항 이후 최고

점인 14.8%까지 급등했다. 코로나19는 특히 고용시장에 충격을 크게 줬는데 펜데믹으로 셧다운되면서 서비스업 고용이 급격히 침체되었기 때문이다. 2022년부터 2025년 5월 현재 미국의 실업률은 4.0%내외로 자연실업률 수준에서 등락하고 있다. 실업률은 경기 침체 시 후행하는 경향이 있다. 그래프에서 음영은 침체 시기를 나타내는 것인데, 실업률의 피크는 침체 시기 약간 뒤에 온다.

③ 실업보험청구건수

실업보험청구건수Initial Jobless Claims는 미국 고용지표 중 가장 빠르게 노동시장의 변화를 감지할 수 있는 선행지표이다. 실업률이 후행하는 지표이므로 이 지표를 함께 분석하면 노동시장의 변화를 빠르게 파악할 수 있다. 특히 경기 변곡점을 잘 파악하는 것으로 알려져 있다.

실업보험청구건수란 미국 전역에서 일주일간 새로 실업보험을

| 그림 8-7 · 신규실업보험청구 건수 |

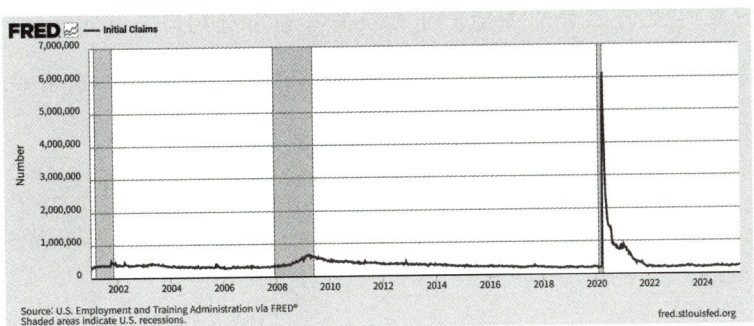

신청한 사람의 수를 말한다. 이번주 처음으로 실직하고 실업급여를 신청한 사람의 숫자인데, 미국 노동부가 매주 목요일 오전 8시 30분에 발표한다. 경기 침체가 오게 되면, 기업이 노동자를 해고하기 시작하고, 실업수당 청구건수가 급격하게 늘어난다. 매주 측정하므로 수치를 파악하여 향후 경기 방향을 적시에 판별할 수 있다. 연준도 금리를 결정할 때 보조적인 수단으로 사용한다. 보통 20~25만 건 이하면 고용시장이 건전하다고 판단하고, 30만 건이 넘어가면 경기 둔화 우려가 있고, 실업이 증가할 조짐이 있다고 판단한다. 50만 건 이상이면 위기 수준으로 본다. 코로나19 시기에는 613만 건으로 사상 최고치를 기록했다.

신규실업수당청구 건수는 2008년 금융위기에 66만 건을 기록하며 확실한 경기 침체의 시그널을 보여주었다. 특히 경기 침체 시작 시점인 2007년 하반기부터 33만 건을 넘어 가기 시작했는데, 다른 지표들보다 빠르게 경기가 하락하는 것을 감지했다. 코로나19는 과거에 경험해보지 못한 침체의 양상을 보였는데, 직전 20만 건 수준으로 양호한 흐름을 보였으나 셧다운이 갑자기 나타나면서 660만 건이라는 역대급 수치를 기록했다. 2025년 6월 현재 24만 건 수준으로 아직 고용시장은 견조한 흐름을 이어가고 있다.

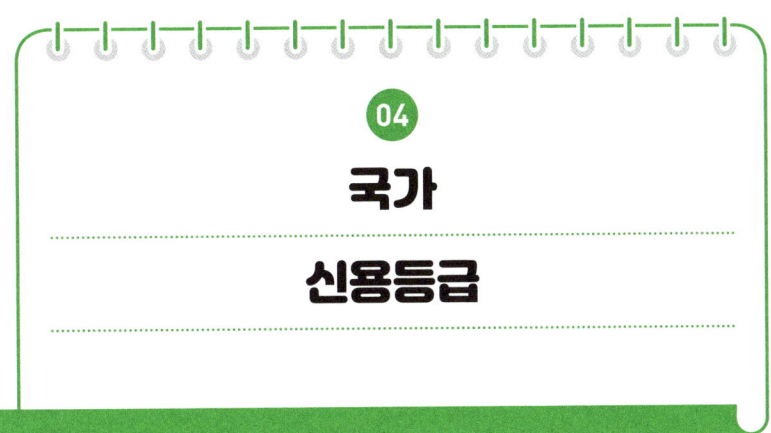

04 국가 신용등급

    회사채에 신용등급이 있듯이 각 나라마다도 국가 신용등급이 있다. 기업 신용등급이 기업의 채무불이행 위험을 평가하듯이 국가 신용등급은 해당 국가의 채무불이행 위험을 평가한다. 국가 신용등급을 기준으로 삼아 각 국가가 발행하는 국채수익률이 결정된다. 신용등급이 높은 국가의 국채수익률은 상대적으로 낮다. 신용등급이 낮은 국가는 신용등급이 높은 국가에 비해 채무불이행 위험이 높아지므로 위험 프리미엄 더해져 국채수익률이 높아진다. 예를 들어 2025년 7월 기준 독일(AAA)의 10년 만기 국채수익률은 2.55%인데, 이탈리아(BBB) 국채수익률은 4.15%로 독일 대비 위험 프리미엄 160bp(1.6%)가 반영되어 있다.

국가 신용등급은 국채수익률 뿐만 아니라 그 국가의 대외 신인도에도 영향을 준다. 신용등급이 높은 국가일수록 대외신인도가 높아 외국인 투자 자금 유입이 활발해진다. 특히 투자적격 등급을 받은 국가와 그렇지 않은 국가 간의 외국인 투자 비중에서는 큰 차이를 보인다. 또한 국가 신용등급은 그 국가에서 영업 활동을 하는 기업의 차입비용에도 영향을 준다. 해당 국가의 리스크가 기업의 차입비용인 이자율에 전가된다. 당연히 신용등급이 높은 선진국 회사채 조달 금리가 낮다. 국가 신용등급이 높을수록 해당 국가의 통화 가치가 높아지고, 안정적인 환율 움직임을 보인다. 신용등급이 떨어지게 되면 가장 먼저 환율에 악영향을 주고, 국가 및 기업들의 차입비용이 높아지므로 경제 안정을 위해서 신용등급을 유지하는 것은 대단히 중요하다.

국가 신용등급은 글로벌 3대 국제 신용평가사의 지표를 가장 많이 참고한다. 글로벌 3대 국제 신용평가사는 S&P(에스엔피), Moody's(무디스), Fitch(피치)이다.

S&P와 피치의 등급 체계는 우리나라 회사채 등급 체계와 거의 동일하다. BBB- 이상의 등급을 투자등급, 이하를 투기등급으로 분류한다.

표 8-2는 각 나라별 신용등급을 나타낸다. 한국은 AA 등급으로 AAA, AA+ 다음의 높은 신용등급을 유지하고 있다. 특이한 점은 세계 경제 1위인 미국의 신용등급이 AAA가 아니라 AA+ 이라는 점이다. 2011년 미국은 국가부채 상한 협상에 실패하고, 구조적인 재정

| 표 8-1 · 국제신용평가사 등급 체계 |

S&P / Fitch	Moody's	투자적격/투기적격
AAA	Aaa	투자적격 최상위
AA+, AA, AA-	Aa1, Aa2, Aa3	투자적격 매우 우수
A+, A, A-	A1, A2, A3	투자적격 양호
BBB+, BBB, BBB-	Baa1, Baa2, Baa3	투자적격 최하위
BB+, BB, BB-	Ba1, Ba2, Ba3	투기등급 (하이일드)
B+, B, B-	B1, B2, B3	투기등급
CCC+, CCC, CCC-	Caa1, Caa2, Caa3	매우 높은 부도위험
CC	Ca	부도임박
C	C	부도직전
D	—	디폴트

적자와 부채비율 상승 우려가 심화되자 S&P는 미국 역사상 처음으로 신용등급을 AAA에서 AA+로 강등했다. 2023년에는 피치가 팬데믹 영향으로 정부부채가 급증하고, 노령화, 건강보험 지출 증가, 금리 상승 등으로 지속적인 재정수지 적자가 예상된다며 미국의 신용등급을 S&P와 동일하게 한 등급을 하향했다. 하지만 그렇다고 미국의 채무불이행 가능성이 높아졌다고 보는 투자자는 없다. 역시 미국은 미국이다. 하지만 다른 국가들은 등급 하향은 경제에 상당한 충격을 준다.

국가	S&P 등급	Moody's	Fitch	국가	S&P 등급	Moody's	Fitch
호주	AAA	Aaa	AAA	스페인	A	Baa1	A-
독일	AAA	Aaa	AAA	칠레	A-	A2	A-
스웨덴	AAA	Aaa	AAA	폴란드	A-	A2	A-
스위스	AAA	Aaa	AAA	필리핀	BBB+	Baa2	BBB
오스트리아	AA+	Aa1	AAA	태국	BBB+	Baa1	BBB+
캐나다	AA+	Aaa	AA+	그리스	BBB	Ba1	BBB
핀란드	AA+	Aa1	AA+	인도	BBB	Baa3	BBB-
미국	AA+	Aa1	AA+	인도네시아	BBB	Baa2	BBB
벨기에	AA	Aa3	AA-	이탈리아	BBB	Baa3	BBB
영국	AA	Aa2	AA-	멕시코	BBB	Baa2	BBB
한국	AA	Aa2	AA-	루마니아	BBB-	Baa3	BBB-
홍콩	AA-	Aa3	AA-	베트남	BB+	Ba1	BBB-
아랍에미리트	AA-	Aa2	AA-	브라질	BB	Ba2	BB
중국	A+	A1	A+	터키	B+	B3	B+
이스라엘	A+	A1	A+	아르헨티나	CCC+	Ca	RD
일본	A+	A1	A	베네수엘라		C	RD

| 표 8-2 · 국가별 신용등급 현황 |